중학생을 위한
국어 맞춤법

저자
한경화

미디어 시대가 가속화되면서 책 읽기로부터 점점 멀어지고, 그로 인해 중학생들의 어휘(단어) 실력이 줄어드는 것이 안타까워 독서와 글쓰기에서 그 해결책을 찾으려 노력하는 '국어 선생님'이다. 수업 시간에 아주 쉬운 단어의 뜻도 몰라 질문하는 중학생들을 보면서 초등학교 때부터 이런 책을 읽으며 어휘력을 키웠으면 좋겠다는 간절한 바람을 갖고 있다. 특히 시험을 볼 때, 단어의 뜻을 몰라 문제를 제대로 읽어 내지 못하거나 보기에 제시된 내용을 이해하지 못해 분제의 납을 찾시 못하는 학생들을 보면서 어휘력(어휘를 마음대로 부리어 쓸 수 있는 능력)이 공부의 기본이 됨을 강조한다. 그래서 이 책에 맞춤법을 포함해 학생들의 어휘력을 키워 주고 싶은 소망을 가득 담았다.

저서로 《중학생 글쓰기를 부탁해》, 《중학교 가기 전 수행평가 글쓰기》, 그리고 책 쓰기 동아리 학생들과 함께 쓴 《책쓰기로 키우는 작가의 꿈 시리즈》, 《열다섯, 우리들의 꿈》, 《글을 쓴다는 것》, 《학교에서 만난 기적》, 《책을 쓰는 아이들》, 《책쓰기에 풍덩 빠지다》, 《생각을 시로 물들이다 1과 2》, 《상상력이 빛나는 순간》이 있다.

천안 동성중학교 수석교사
hkwblue1004@hanmail.net

중학생을 위한
국어 맞춤법

초판 1쇄 인쇄 2024년 7월 22일
초판 1쇄 발행 2024년 7월 30일

저자 한경화
발행인 박효상
편집장 김현   **기획 · 편집** 장경희, 이한경   **디자인** 임정현
교정 · 교열 진행 박나리   **표지 · 내지 디자인** 김민정   **마케팅** 이태호, 이전희   **관리** 김태옥
종이 월드페이퍼   **인쇄 · 제본** 예림인쇄 · 바인딩

출판등록 제10-1835호   **발행처** 사람in
주소 04034 서울시 마포구 양화로 11길 14-10(서교동) 3F
전화 02) 338-3555(代)   **팩스** 02) 338-3545   **E-mail** saramin@netsgo.com
Website www.saramin.com

ISBN
979-11-7101-091-2 54710
979-11-7101-089-9 (set)

우아한 지적만보, 기민한 실사구시 사람in

중학생을 위한 국어 맞춤법

한경화 지음

사람in
saram
in.com

'맞춤법'에 대한 고민을 해결하도록 준비한 책

국어를 가르치며 학생들에게 가장 많이 듣는 말이 "맞춤법이 너무 어려워요!"입니다. 특히 문법 단원을 가르칠 때면 학생들로부터 "우리말은 왜 이렇게 어려워요? 그냥 되는 대로 쉽게 쓰면 안 돼요?"라는 질문을 가장 많이 받습니다. 학생들의 말처럼 맞춤법에 정확히 맞게 언어생활을 한다는 것이 쉽지는 않습니다. 그래서 어떻게 하면 학생들에게 맞춤법에 대해 잘 알려 줄까를 늘 고민합니다.

더군다나 요즘엔 줄임말이나 신조어를 마구 만들어 쓰면서 맞춤법이 틀린 말들을 아무렇지도 않게 사용하는 경우가 더 많아졌습니다. 저는 국어 교사이기 때문에 아무래도 맞춤법에 민감합니다. 길을 걷다 보게 되는 플래카드나 간판, 홍보 전단, 일상에서 접하는 다양한 읽기 자료들에서 무의식적으로 맞춤법을 확인하고 있는 저를 발견합니다.

특히 학생들이 쓴 글을 읽거나 수행평가지와 시험 답안지 채점을 할 때면 안타까운 마음이 들 때가 정말 많습니다. 어떤 때는 '어떻게 맞춤법을 이렇게 많이 틀릴 수가 있을까?'라고 생각하다가도 결국엔 '어떻게 가르쳐야 학생들이 맞춤법에 맞게 글을 잘 쓸 수 있을까?'라는 고민을 하게 됩니다. 이 생각은 아마 국어 교사로 재직하는 동안은 계속될 것 같습니다. 그런 간절한 마음을 담아 이 책을 쓰게 되었습니다.

'맞춤법' 실력을 확실하게 높여 줄 책

우리나라 사람들이 맞춤법을 어려워하는 이유는 무엇일까요? 우리말로 문자 생활을 하는 데 맞춤법이 필수적인 지식임에도 초등학교에서 중·고등학교에 이르는 동안 맞춤법에 대해 체계적으로 교육받은 적이 없기 때문입니다. 그리고 일상생활에서 사용하는 단어들의 맞춤법 내용을 구체화해서 쓴 사전과 같은 책도 없습니다.

그래서 '사전과도 같은 맞춤법 책'을 만든다는 마음으로 이 책을 썼습니다. 이 책에는 복수 표준어와 틀린 맞춤법 단어를 포함해 우리가 일상생활에서 혼동하며 사용하는 총 330개의 단어가 실려 있습니다. 또, 중·고등학교 국어 시험에 항상 출제되는 다의어와 동음이의어 164개를 수록했습니다. 그 단어들을 사용하는 올바른 예문을 함께 제시해 쉽게 이해할 수 있도록 했습니다. 그리고 '확인 콕콕' 연습 문제와 '도전! 맞춤법 퀴즈' 복습 문제를 통해 학습한 내용을 점검하고 맞춤법 실력을 다질 수 있도록 구성했습니다. 저는 이 책이 여러분의 맞춤법 실력을 확실히 한 단계 높여 주리라 확신합니다.

초등학교 때부터 맞춤법을 정확히 알고 익히는 것은 매우 중요합니다. 왜냐하면 내신을 관리해야 하는 중학교 공부부터는 교과서에 나오는 어휘(단어)가 어렵고 헷갈리는 맞춤법이 많기 때문입니다. 그러나 학생들은 수행평가나 지필평가의 서술형 평가에서 맞춤법이 틀려 감점을 당하는 경험을 하고 나서야 맞춤법의 중요성을 인식하게 됩니다.

어휘 실력을 포함한 맞춤법 실력은 하루아침에 길러지지 않습니다. 지금부터 차곡차곡 실력을 쌓아 나가야 합니다. 이 책을 읽는 학생들이 맞춤법 책이 재미있다고 느꼈으면 좋겠습니다. 맞춤법이 어렵지만은 않다는 것을 깨닫고 맞춤법 달인이 되기를 바랍니다. 단언컨대 이 책에 나오는 맞춤법만 확실하게 알아 둔다면 여러분은 평생 맞춤법 걱정은 안 해도 될 것입니다.

대한민국 학생들의 정확한 맞춤법 사용을 응원하며
국어 교사 **한경화**

이 책의 구성

〈중학생을 위한 국어 맞춤법〉은 내신에서의 서술형·논술형 평가 확대에 맞춰 맞춤법을 어렵지 않고 재미있게 기억할 수 있도록 구성했어요.

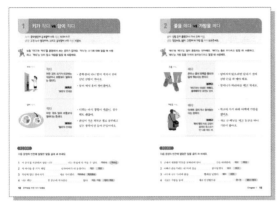

맞춤법 이해하기

헷갈리는 맞춤법 설명을 읽고, 재미있는 그림과 뜻풀이, 예시를 보면서 실생활에서 어떻게 쓰이는 지를 확인합니다. 글자는 같은데 의미는 다른 동음이의어와 다의어도 살펴보고, 둘 중 헷갈리는 어휘를 구분하는 팁도 얻습니다.

확인 콕콕!!

위에서 배운 맞춤법을 제대로 이해하고 있는지 퀴즈 형식으로 간단히 체크해 봅니다.

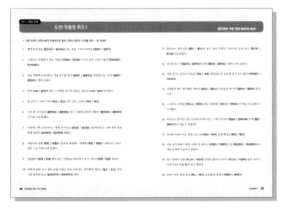

도전! 맞춤법 퀴즈2

글을 읽고, 글에서 틀린 맞춤법을 찾아 바르게 고쳐 쓰는 좀 더 심화된 복습 활동을 합니다.

도전! 맞춤법 퀴즈1

문장 l 내용에 맞는 맞춤법을 선택하는 문제를 풀며 앞에서 배운 내용들을 간단히 복습합니다.

정답

'확인 콕콕!!'과 '도전! 맞춤법 퀴즈1, 2' 문제의 답을 확인합니다.

Chapter 7 말쏭달쏭 너무 헷갈려요! 2 • 171

Chapter 8 두 개 다 맞는 말이에요! • 199

Chapter
1

중학생이
가장 많이
틀리게 써요!

1 키가 작다 vs 양이 적다

누나: 중학생인데 공부량이 너무 작은 거 아니니?

중일: 그건 누나 생각이야. 그리고 공부량이 너무 적은 거겠지.

보통 '작다'와 '적다'를 혼동해서 쓰는 경우가 많아요. '작다'는 크기에 대해 말할 때 사용하고, '적다'는 양이 많고 적음을 말할 때 사용해요.

키가 작네.

작다

어떤 것의 크기가 비교하는 대상이나 보통보다 덜하다는 뜻이다.

이것도!

'크다'의 반대말

• 중학생이 되니 발이 커져서 전에 신던 신발이 작아요.

• 살이 쪄서 옷이 작아졌어요.

양이 적네.

적다

어떤 것의 양이 보통보다 덜하다는 뜻이다.

이것도!

'많다'의 반대말

• 너희는 아직 경험이 적잖니. 실수해도 괜찮아.

• 관심이 적은 과목은 별로 공부하고 싶은 생각이 안 들어 큰일이에요.

확인 콕콕!!

다음 문장의 빈칸에 알맞은 말을 골라 써 보세요.

1 이 중국집 자장면의 양은 너무 _____ 나는 한입에 다 먹을 수 있다.　작아서　(적어서)

2 저 아이들 중 키가 제일 _____ 남자아이가 내 동생이다.　작은　적은

3 작년에 입던 청바지가 _____ 새로 사야겠다.　작아져서　적어져서

4 나는 위는 _____ 것 같은데 식사량은 _____ 않다.　작은 | 적은　작지 | 적지

2 줄을 매다 vs 가방을 메다

엄마: 신발 끈이 풀렸구나. 다시 고쳐 매렴.
중일: 알았어요, 엄마. 그런데 저 가방 좀 메게 도와주세요.

'매다'와 '메다'도 많이 혼동되는 단어예요. '매다'는 줄로 묶다라고 말할 때 사용하고, '메다'는 가방 등을 어깨에 올려놓다라고 말할 때 사용해요.

끈을 매요.

매다
끈이나 줄의 양쪽을 풀리지 않게 묶는다는 뜻이다.

이것도!
'매다'에서 파생된 '싸매다, 동여매다'란 표현도 있어.

- 넘어지지 않으려면 달리기 전에 신발 끈을 꽉 매야 해요.
- 할머니가 허리띠를 매고 계세요.

가방을 메요.

메다
어깨에 걸치거나 올려놓는다는 뜻이다.

이것도!
'목이 멘다'처럼 감정이 올라와 목소리가 안 나올 때도 써.

- 학교에 가기 위해 어깨에 가방을 멨어요.
- 새로 산 배낭을 메고 등산을 하니 기분이 좋아요.

확인 콕콕!!

다음 문장의 빈칸에 알맞은 말을 골라 써 보세요.

1 산에서 채취한 약초를 보따리에 담아 _____ 산을 내려왔다. 　매고　 　메고

2 아빠가 흔들거리는 내 이에 실을 _____ 잡아당겼다. 　매고　 　메고

3 나무와 나무 사이에 줄을 _____ 빨래를 널었다. 　매어　 　메어

4 지호는 가방을 등에 _____ 채로 안전벨트를 _____. 　맨 l 멘　 　맸다 l 멨다

3 뜨거운 햇빛 vs 따뜻한 햇볕

엄마: 밖에 나갈 때는 햇빛 가리게 꼭 모자를 쓰고 나가렴.
영희: 네! 엄마도 햇볕에 얼굴이 타지 않게 선크림을 꼭 바르세요.

 '햇빛'과 '햇볕'은 비슷한 것 같지만 뜻이 달라 구별해서 써야 해요. '햇빛'은 해의 밝은 빛을 나타낼 때 사용하고, '햇볕'은 해의 뜨거운 기운이란 의미를 가져요.

이것도! '빛'은 눈으로 보는 것이고, '볕'은 몸으로 느끼는 거야.

 햇빛이 들어오네.

햇빛

해에서 나오는 빛이란 뜻이다. '빛'은 밝고 어두운 것을 말한다.

이것도!
해에서 나오는 빛의 줄기란 뜻의 '**햇살**'도 있어.

• 집 안에 있다 밖에 나오니 햇빛이 눈부셔서 눈을 감았어요.

• 그는 햇빛 속으로 천천히 걸어 갔어요.

• 이사할 때는 햇빛이 잘 드는 집을 골라야 해요.

 햇볕이 따뜻하네.

햇볕

해가 내리쬐는 뜨거운 기운 이란 뜻이다. '기운'은 우리 가 느끼는 것이다.

이것도!
'햇볕'에서 파생된 단어 '**뙤약볕**'도 있어.

• 햇볕 좋은 날에는 야외에서 빨래 를 말리는 게 좋아요.

• 따뜻한 햇볕을 쬐니 졸음이 와요.

• 햇볕에 그을려 피부가 까맣게 탔어요.

확인 콕콕!!

다음 문장의 빈칸에 알맞은 말을 골라 써 보세요.

1 구름이 걷히고 _____이 비치니 집 안이 환해졌다.   햇빛   햇볕

2 영철이는 _____에 얼굴이 까맣게 탔다.   햇빛   햇볕

3 비가 오는데 _____이 비치다니 신기하다.   햇빛   햇볕

4 여름에는 양산으로 _____을 차단하고, 뜨거운 _____은 모자로 가리는 게 좋다.
햇빛 | 햇볕   햇빛 | 햇볕

4 창문 너머 vs 담을 넘어

준수: 교실 창문 너머로 보이는 하늘이 정말 푸르다.
중일: 이렇게 날씨가 좋을 때는 담을 넘어 학교를 나가고 싶다.

 '너머'와 '넘어'는 발음이 같고 뜻도 비슷하기 때문에 혼동하기 더 쉬워요. '너머'는 사물의 저쪽인 위치를 나타낼 때, '넘어'는 어딘가를 넘는 동작을 나타낼 때 사용해요.

산 너머에는

너머

높이나 경계로 가로막은 사물의 저쪽이란 뜻이다.

이것도!

남이 하는 것을 옆에서 보거나 듣는다는 '어깨너머'란 말도 있어.

- 지웅이는 안경 너머로 주변을 먼저 살폈어요.
- 수평선 너머에 가 보고 싶어요.
- 산 너머 남촌에는 누가 살까?

담을 넘어요.

넘어

'높은 부분의 위를 지나가다, 경계를 건너 지나다'라는 뜻이다.

이것도!

'일정 시간, 시기, 범위를 벗어나다'란 뜻도 있어.

- 할머니는 산을 넘어 학교에 다니셨대.
- 그들은 전쟁을 피해 국경을 넘어 도망쳤어요.
- 고양이가 담을 넘어 달아나요.

확인 콕콕!!

다음 문장의 빈칸에 알맞은 말을 골라 써 보세요.

1 수영이는 담 _____로 날아가는 새를 보았다.   너머   넘어

2 오늘은 반드시 지리산을 _____ 갈 것이다.   너머   넘어

3 영수는 장애물을 _____ 달리는 경기에서 1등을 했다.   너머   넘어

4 학교 울타리 _____에 있는 관악산을 _____ 가야 고승을 만날 수 있는 절이 나온다.   너머 ǀ 넘어   너머 ǀ 넘어

동전을 집다 vs 바닥을 짚다

영종: 오는데 한 아이가 길에서 동전을 집어 주머니에 넣는 걸 봤어.
중일: 나는 오다가 넘어졌는데 손으로 재빨리 바닥을 짚어서 크게 다치지 않았어.

 받침만 다른 두 단어에서 '집다'는 물건을 잡는다는 뜻을 나타낼 때 사용하고, '짚다'는 손을 어딘가에 댄다는 뜻을 나타낼 때 사용해요.

쓰레기를 집어야지.

집다
손가락이나 도구로 물건을 잡아서 든다는 뜻이다.

이것도!
'지적해서 가리키다'라는 뜻도 있어.

• 아이가 공원에서 쓰레기를 집어 비닐봉지에 넣고 있네.
• 내 남동생은 젓가락으로 반찬을 집는 연습을 하고 있어.

바닥을 짚어야지.

짚다
손을 바닥이나 벽 등에 대어 몸을 기댄다는 뜻이다.

이것도!
'하나를 꼭 집어 가리키다'라는 뜻도 있어.

• 넘어진 아이는 울지도 않고 땅을 짚고 일어났어.
• 주말이 지나고 효진이는 목발을 짚고 나타났어.

확인 콕콕!!

다음 문장의 빈칸에 알맞은 말을 골라 써 보세요.

1 동생을 위해 나는 젓가락으로 멀리 놓인 계란말이를 _____. 집었다 짚었다

2 은지는 도서관에서 제일 먼저 읽고 싶은 책을 _____. 집었다 짚었다

3 할아버지가 지팡이를 _____ 서 계신다. 집고 짚고

4 슬기는 손으로 책상을 _____, 바닥에 떨어진 연필을 _____.
집고 | 짚고   집었다 | 짚었다

6 열쇠를 잃다 vs 약속을 잊다

수연: 주연아, 나 사물함 열쇠를 잃어버렸어.

주연: 우리 오늘 왜 이러냐? 나는 엄마와 한 약속을 잊어 혼났는데.

'잃다'는 가지고 있는 것이 없어지거나 사라지는 경우에 사용하고, '잊다'는 기억에 대해 말할 때 사용해요.

열쇠를 잃어버렸네.

잃다

물건이 없어져 가지고 있지 않다는 뜻이다.

이것도!

'분실하다'와 비슷한 말

- 주머니에 있던 돈을 잃어버렸어요.
- 한순간의 잘못으로 내게 소중한 가족과 돈을 모두 잃었어요.
- 아이가 신발을 잃고 찾고 있어요.

약속을 잊었네.

잊다

알고 있는 것을 기억하지 못한다는 뜻이다.

이것도!

'깜박하다, 까먹다'와 비슷한 말

- 숙제하느라 민수와의 약속을 깜박 잊었지 뭐야.
- 너를 잊지 않고 오래도록 기억할 게.
- 너와 나의 추억을 모두 잊었다니 너무 슬프네.

확인 콕콕!!

다음 문장의 빈칸에 알맞은 말을 골라 써 보세요.

1 자식을 _____ 부모는 어찌 살까요? 잃은 잊은

2 지영이는 숙제가 있다는 것을 까맣게 _____ 놀았다. 잃고 잊고

3 원영이는 어제 새로 산 우산을 오늘 _____. 잃어버렸다 잊어버렸다

4 그는 꿈을 _____ 방황하는 동안 성공하겠다는 약속도 _____.
잃고 | 잊고 잃었다 | 잊었다

7 냄새가 배다 vs 손을 베다

영진: 영수야, 우리 옷에 땀 냄새가 배어 냄새가 지독하다.
영수: 샤워를 해야 하는데 아까 칼로 손을 베어 씻기가 좀 어려워.

 '배다'는 몸에 스며들거나 익숙해진다는 뜻일 때 사용하고, '베다'는 칼처럼 날이 있는 연장으로 물건을 자르는 상황에 사용해요. 모음 차이로 혼동해서 쓰는 경우가 많아요.

옷에 땀이 배었네.

배다
스며들거나 스며 나오다라는 뜻이다.

이것도!
'버릇이 되어 익숙해지다'란 뜻도 있어.

• 기름통이 기울어져서 종이에 기름이 배었네.
• 음식 냄새가 옷에 잔뜩 배었네.
• 그의 얼굴에서 웃음이 배어 나오고 있었지.

칼에 손을 베었네.

베다
자르거나 가르다라는 뜻이다.

이것도!
'자르다'와 비슷한 말

• 저기 논에서 농부가 낫으로 벼를 베고 있네.
• 나무꾼이 나무를 베다 말고 사라졌어.
• 종이를 자르다 칼에 손을 베었어.

확인 콕콕!!

다음 문장의 빈칸에 알맞은 말을 골라 써 보세요.

1 창문을 안 열었더니 음식 냄새가 온 집 안에 _____.   배었다   베었다

2 저 산의 나무를 다 _____ 비 올 때 산사태가 날 것이다.   배면   베면

3 영식이는 입에 욕이 _____ 욕을 너무 많이 한다.   배어서   베어서

4 거친 말은 사람의 마음을 _____, 자꾸 쓰면 입에 _____ 조심해야 한다.
배고 | 베고   배니 | 베니

8 쌀 알갱이 vs 호두 알맹이

수철: 영화에서는 창고가 폭발할 때 옥수수 알갱이가 터지면서 팝콘이 되더라고.
진수: 와, 밤을 넣었으면 밤 알맹이가 노랗고 맛있게 잘 익었겠네.

 '알갱이'와 '알맹이'도 의미 구별이 잘 안 되는 낱말이에요. 열매나 곡식의 낱알을 말할 때는 '알갱이'를, 껍데기나 껍질의 안에 있는 것을 말할 때는 '알맹이'를 사용해요.

쌀 알갱이

알갱이
열매나 곡식의 낱알이란 뜻이다.

이것도!
'낱알'과 비슷한 말

- 보리 알갱이가 든 따뜻한 보리차를 한 잔 마시자.
- 찐 옥수수 알갱이를 하나씩 떼어 먹었어.

포도 알맹이

알맹이
물건의 껍데기나 껍질을 벗기고 남은 속 부분이란 뜻이다.

이것도!
'내용물, 속'과 비슷한 말

- 호두 껍데기를 까서 알맹이만 쏙 빼는 것은 너무 어려워요.
- 포도 알맹이가 굵고 먹음직스럽게 익고 있네요.

확인 콕콕!!

다음 문장의 빈칸에 알맞은 말을 골라 써 보세요.

1 올해는 벼농사가 잘되어 쌀 _____가 실하다.   알갱이   **알맹이**

2 군밤은 껍질이 벌어져 있어 _____를 빼먹기 쉽다.   알갱이   **알맹이**

3 강아지 사료는 적당한 크기의 _____를 선택해야 한다.   알갱이   **알맹이**

4 도토리 _____를 먹이로 먹는 다람쥐가 도토리 껍질은 버리고 _____만 홀랑 먹었다.   알갱이 | 알맹이   **알갱이 | 알맹이**

9 꽃봉오리 vs 산봉우리

소미: 엄마, 아직 피지 못한 꽃봉오리가 시들어 버렸어요.
엄마: 우리 소미는 봉오리와 봉우리를 정확히 구분하고 있구나.

 '봉오리'와 '봉우리'도 혼동해서 쓰는 경우가 많아요. '봉오리'는 피지 않은 꽃에 대해 말할 때 사용하고, '봉우리'는 산의 높은 부분을 가리킬 때 사용하는 말이에요.

꽃봉오리

봉오리

망울만 맺히고 아직 피지 않은 꽃이라는 뜻이다.

이것도!
'꽃봉오리'와 비슷한 말

- 벚나무에 벌써 봉오리가 맺혔네.
- 이 장미꽃 봉오리는 너무 작아.

산봉우리

봉우리

산에서 뾰족하게 높이 솟은 부분이란 뜻이다.

이것도!
'산봉우리'와 비슷한 말

- 저 높은 산봉우리에는 뭐가 있을까?
- 설악산 봉우리에 구름이 하얗게 걸쳐 있네.

확인 콕콕!!

다음 문장의 빈칸에 알맞은 말을 골라 써 보세요.

1 어깨뼈 위의 볼록 솟은 부분도 _____라고 한다.   봉오리   봉우리

2 알라딘은 양탄자를 타고 높은 산_____ 위를 날아다녔다.   봉오리   봉우리

3 꽃병에 꽂혀 있는 카네이션 _____가 활짝 폈다.   봉오리   봉우리

4 산_____ 근처의 철쭉 군락지가 염소 떼의 습격을 받아 아직 피지 못한 꽃_____
가 모두 떨어져 있었다.   봉오리 l 봉우리   봉오리 l 봉우리

10 TV 출연 vs 좀비 출현

영지: 〈짱구〉 영화에 ○○○ 개그맨 아저씨가 출연하기로 했대.
찬영: 그래? 전에 영화 시사회에 깜짝 출현한 그 아저씨를 본 적이 있어.

 '출연'은 무대나 연단에 서는 경우에 사용하고, '출현'은 모습을 나타낼 때 사용해요.

TV 출연

출연

연기나 공연, 연설을 하기 위해 무대에 나간다는 뜻이다.

• ○○○ 배우가 새로운 좀비 영화에 출연하기로 결정했대.

• 내가 좋아하는 아이돌이 출연하는 뮤지컬을 보고 싶어.

좀비 출현

출현

나타나거나 나타나서 보인다는 뜻이다.

이것도!
'나타남'의 한자어로
'등장'과 비슷한 말

• 삼국 시대에 이르러 고대 국가가 출현했죠.

• 그의 출현을 반가워하지 않는 사람들이 많아요.

확인 콕콕!!

다음 문장의 빈칸에 알맞은 말을 골라 써 보세요.

1 도로 위에 코끼리 두 마리가 _____해 모두 깜짝 놀랐다. 　출연　출현

2 〈오징어 게임 2〉에도 이정재 씨가 _____했다. 　출연　출현

3 진로 강연 선생님이 무대에 _____하자 학생들이 모두 조용해졌다. 　출연　출현

4 마을 사람들이 회관에 모여 자기들이 _____했던 프로그램을 보고 있을 때 소복을 입은 여인이 _____했다. 　출연 | 출현　출연 | 출현

11 행복을 좇다 vs 도둑을 쫓다

엄마: 사람은 누구나 행복을 좇아 살아가는 거란다.
중일: 어젯밤 도둑을 쫓아 돈을 되찾은 것도 행복한 삶을 위한 거겠죠?

'좇다'와 '쫓다'는 발음이 다르기 때문에 혼동하지 않을 것 같지만, 뜻을 정확히 알아 두지 않으면 혼동해서 쓸 수 있어요. '좇다'는 추구한다는 의미를 말할 때 사용하고, '쫓다'는 잡기 위해 따라간다는 상황을 말할 때 사용해요.

행복을 좇아라.

좇다

목표나 이상, 행복 따위를 추구한다는 뜻이다.

이것도!
'남의 말이나 뜻을 따른다'라는 뜻도 있어.

• 학생은 자신의 꿈을 좇아 열심히 노력해야 해요.

• 영수는 부모님의 의견을 좇아 의사가 되기로 마음먹었어요.

도둑을 쫓아라.

쫓다

어떤 대상을 잡기 위해 뒤를 따라간다는 뜻이다.

이것도!
'졸음이나 잡생각 따위를 물리친다'라는 뜻도 있어.

• 경찰이 담을 넘어 도망가는 도둑을 황급히 쫓아갔죠.

• 우리 군과 적군 간에 쫓고 쫓기는 추격전이 벌어졌어요.

확인 콕콕!!

다음 문장의 빈칸에 알맞은 말을 골라 써 보세요.

1 헛된 꿈을 _____ 사람은 인생을 낭비하고 있는 것이다.   좇는   쫓는

2 안전 요원이 탈선한 썰매를 잡기 위해 _____ 갔다.   좇아   쫓아

3 나는 교통사고 당시 악몽을 _____ 위해 머리를 흔들었다.   좇기   쫓기

4 형사는 자신의 신념을 _____ 끝까지 범인을 _____.   좇아ㅣ쫓아   좇는다ㅣ쫓는다

12 시험이 한창 vs 시간이 한참

소영: 시험이 한창 진행 중일 때 배가 아프면 어떻게 하지?

준희: 글쎄. 시험 시간이 한참 남았다면 참기 어려울 테니 말씀드려야겠지?

'한창'과 '한참'은 글자 모양과 소리가 비슷해서 혼동할 수 있어 주의해서 써야 해요.
'한창'은 왕성한 때를 말할 때 사용하고, '한참'은 시간이 지남을 나타낼 때 사용해요.

시험이 한창

한창

어떤 일이 가장 활기 있을 때란 뜻이다.

이것도!

'**절정기, 피크**'와 비슷한 말

• 지금은 도로가 한창 붐빌 시간이니 서둘러서 출발해야 해.

• 밭에서는 감자 캐는 일이 한창이네.

시간이 한참

한참

시간이 상당히 지나는 동안이란 뜻이다.

이것도!

'**오랫동안**'과 비슷한 말

• 철수 얼굴이 한참 달리기를 한 사람처럼 벌겋게 달아올랐네.

• 한참을 잔 것 같은데 10분밖에 지나지 않았네.

확인 콕콕!!

다음 문장의 빈칸에 알맞은 말을 골라 써 보세요.

1 초인종을 누른 지 _____ 지나서야 주인이 나왔다. 　한창　　한참

2 주차장에서 _____ 걸어가니 매표소가 보였다. 　한창　　한참

3 그 배우는 _____ 전성기일 때 돌연 은퇴를 선언했다. 　한창　　한참

4 아이들이 체육 대회 준비를 _____ 하고 있을 때, 민식이는 담임 선생님께 불려 가서
　_____ 혼이 나고 있었다. 　한창 ⏐ 한참　　한창 ⏐ 한참

13 몸이 여위다 vs 부모를 여의다

수정: 영진아, 네 친구 송이가 너무 말랐던데 왜 그렇게 몸이 여윈 거야?
영진: 송이가 얼마 전에 엄마를 여의고 슬픔에 빠져서 그럴 거야.

'여위다'는 살이 빠져 안 좋아 보일 때 쓰는 말이고, '여의다'는 부모나 사랑하는 사람이 죽어서 이별했을 때 쓰는 말이에요.

몸이 여위었어.

여위다

몸의 살이 빠지다라는 뜻이다.

이것도!
'마르다'와 비슷한 말

• 나영이는 암 투병 때문에 몸이 많이 여윈 할머니를 보고 엉엉 울었어요.

• 감기로 오래 아팠던 현준이의 얼굴이 홀쭉하게 여위고 두 눈은 퀭하네.

부모를 여의었어.

여의다

부모나 사랑하는 사람이 죽어서 이별하다라는 뜻이다.

이것도!
'딸을 시집보내다'란
뜻도 있어.

• 민지는 여덟 살에 부모를 여의고 이모 집에서 자랐어.

• 그는 사랑하는 연인을 여의고 평생 홀로 살았어요.

확인 콕콕!!

다음 문장의 빈칸에 알맞은 말을 골라 써 보세요.

1 외삼촌은 하나뿐인 아들을 병으로 _____. 여위었다 여의었다

2 오랜 해외 생활로 몸이 _____ 아들의 얼굴을 어머니는 한참 어루만졌다. 여원 여윈

3 찬수는 장염에 걸려 얼굴이 많이 _____. 여위었다 여의었다

4 자식을 _____ 부모의 몸이 _____ 것은 어쩌면 당연한 것 같다.
여윈 | 여읜 여위는 | 여의는

14 눈을 지그시 vs 나이가 지긋이

영진: 중일아, 버스 안에서 눈을 지그시 감고 계신 할아버지 봤어?
중일: 아, 힙합 복장을 하셨는데 나이가 지긋이 드신 그 할아버지?

 '지그시'와 '지긋이'는 쓰임이 다르므로 구별해서 써야 해요. '지그시'는 슬며시 힘을 주거나 조용히 견딜 때 사용하고, '지긋이'는 나이가 많아 듬직함을 말할 때 사용해요.

눈을 지그시 감았네.

지그시

슬며시 힘을 주는 모양이나 조용히 참고 견디는 모양을 나타내는 말이다.

이것도!
'가만히, 슬그머니'와
비슷한 말

• 달에 처음 도착한 그는 달 표면을 지그시 밟았어요.

• 팔이 부러져 많이 아팠을 텐데도 그녀는 아픔을 지그시 참았어요.

나이가 지긋이 드셨네.

지긋이

나이가 비교적 많아 듬직하게라는 뜻이다.

이것도!
'참을성 있게, 끈기 있게'
라는 뜻도 있어.

• 사진 속 그는 나이가 지긋이 들어 보였어요.

• 이안아, 교실 밖에 나이가 지긋이 드신 분이 널 찾고 계셔.

확인 콕콕!!

다음 문장의 빈칸에 알맞은 말을 골라 써 보세요.

1 현철이가 내 팔을 _____ 눌렀다.   지그시   지긋이

2 안과 의사가 나에게 눈을 _____ 감아 보라고 말했다.   지그시   지긋이

3 이모 남자 친구는 나이가 _____ 들어 보였다.   지그시   지긋이

4 그 아이는 입술을 _____ 깨물고 나이가 _____ 드신 선생님 앞에 앉아서 기다렸다.   지그시 | 지긋이   지그시 | 지긋이

15 반드시 하다 vs 반듯이 앉다

영일: 중학생이 되고 첫 시험이니까 반드시 좋은 결과를 얻고 싶어요.
엄마: 그러려면 게임하는 시간을 좀 줄이고 책상 앞에 반듯이 앉아 열심히 하는 게 어떻겠니?

 '반드시'는 어떤 문제가 꼭 이루어져야 함을 말할 때 사용하고, '반듯이'는 자세나 모양이 비뚤어지지 않고 곧음을 말할 때 사용해요.

> 반드시 해내자.

반드시

어떤 일이나 문제가 꼭 알맞게 돼야 할 때 쓰는 말이다.

이것도!
'**틀림없이, 꼭**'과 비슷한 말

- 얘들아, 우리 반이 이번 체육 대회에서 반드시 우승하도록 노력하자!
- 내일까지 숙제를 반드시 제출하렴.

> 반듯이 앉아.

반듯이

물건이나 행동이 곧고 바르게 있는 상태를 뜻하는 말이다.

이것도!
'**똑바로**'와 비슷한 말

- 책꽂이에 책을 반듯이 꽂아라.
- 규선이는 공부할 때 늘 반듯이 앉는다.

확인 콕콕!!

다음 문장의 빈칸에 알맞은 말을 골라 써 보세요.

1 저 식당은 손님이 많은 맛집이라 _____ 예약을 해야 한다.   반드시   반듯이

2 의자에 앉으면 허리를 _____ 해야 허리가 굽지 않는다.   반드시   반듯이

3 민지는 이번 시험에서 _____ 평균 90점 이상을 받겠다고 다짐했다.   반드시   반듯이

4 자세를 _____ 하고, 시험공부도 _____ 열심히 해야 한다.
  반드시 | 반듯이   반드시 | 반듯이

16 사과 껍질 vs 조개 껍데기

엄마: 이 생선 껍질은 얇고 부드러워서 씹어 먹으면 고소해.
중일: 악! 이 게 껍데기도 얇은 줄 알고 씹었더니 이가 아파요.

 '껍질'과 '껍데기'는 둘 다 어떤 물체의 겉을 싸고 있는 것을 가리키는데, '껍질'은 단단하지 않은 물질을 가리킬 때 사용하고, '껍데기'는 단단한 물질을 가리킬 때 사용해요.

사과 껍질

껍질
물체의 겉을 싸고 있는 단단하지 않은 물질이란 뜻이다.

이것도!
'겉껍질'과 비슷한 말

- 껍질이 얇은 귤을 까 먹었더니 달아요.
- 닭 껍질은 너무 물컹물컹해서 못 먹겠어요.

조개 껍데기

껍데기
달걀이나 조개 따위의 겉을 싸고 있는 단단한 물질이란 뜻이다.

이것도!
'딱지'와 비슷한 말

- 달걀말이에 달걀 껍데기가 들어가 있네.
- 호두 껍데기를 까서 알맹이만 모아 호두 파이를 만들자.

확인 콕콕!!

다음 문장의 빈칸에 알맞은 말을 골라 써 보세요.

1 상민이는 바나나 _____을 밟고 미끄러졌다.   껍질   껍데기

2 간장 게장 _____에 밥을 비벼 먹으면 맛있다.   껍질   껍데기

3 딱딱한 은행 _____에서 지독한 냄새가 난다.   껍질   껍데기

4 포도 _____은 음식물 쓰레기로, 전복 _____는 일반 쓰레기로 분리수거해야 합니다.   껍질 | 껍데기   껍질 | 껍데기

17 기간을 연장하다 vs 기한을 연기하다

영주: 교수님, 면담 보고서 작성 기간을 1주일만 더 연장해 주세요.

교수: 1주일이나? 그럼 너무 늦어지니 제출 기한을 3일 뒤로 연기해 줄게.

 '연장하다'는 기간을 늘리는 것에 대해 말할 때 사용하고, '연기하다'는 정해진 기한을 뒤로 늦추는 경우를 말할 때 사용해요.

기간을 연장해 주세요.

연장하다

시간이나 거리 따위를 길게 늘린다는 뜻이다.

이것도!

'늘리다'와 비슷한 말

• 주말 농장의 계약 기간을 연장했어요.

• 우리 누나는 한 달에 한 번씩 속눈썹을 연장하러 가요.

개학이 연기되었어요.

연기하다

정해진 기한(미리 한정해 놓은 시기)을 뒤로 물려서 늘린다는 뜻이다.

이것도!

'늦추다'와 비슷한 말

• 급한 일이 생겨 친구와의 약속을 내일로 연기했어요.

• 코로나로 개학 시기가 연기되었어요.

확인 콕콕!!

다음 문장의 빈칸에 알맞은 말을 골라 써 보세요.

1 우리 반은 진도가 느려서 시험이 _____. 연장되었다 연기되었다

2 축제 기간이 하루 더 _____ 학생들이 좋아했다. 연장되자 연기되자

3 내가 기다리던 게임 출시가 _____ 실망이 크다. 연장되어 연기되어

4 엄마의 미술 전시회 기간이 _____, 가족 여행을 1주일 _____.
   연장되어 | 연기되어   연장했다 | 연기했다

대정: 우리 아빠는 대장장이셔. 나대째 가업을 이어 오고 계신데, 나도 아빠처럼 될 거야.

순재: 그래? 개구쟁이인 네가 대장장이가 될 거라니 상상이 안 가네.

 '-장이'와 '-쟁이' 역시 정확히 구분해서 쓰기 쉽지 않은 단어예요. '-장이'는 어떤 분야의 기술을 가진 사람을 지칭할 때 사용하고, '-쟁이'는 어떤 속성을 많이 가진 사람을 지칭할 때 사용해요.

우리 아빠는 대장장이셔.

-장이

어떤 일과 관련된 기술을 가진 사람을 뜻하는 말이다.

- 우리 아빠는 유명한 간판장이야.
- 우리 할아버지는 깨진 솥을 수선하는 땜장이셨대.

넌 개구쟁이구나.

-쟁이

어떤 속성(특징이나 성질)을 많이 가진 사람이란 뜻이다.

이것도!

'글쟁이(작가), 환쟁이(화가)'처럼 그 직업을 낮잡아 부르는 말이기도 해.

- 내 동생은 못 말리는 고집쟁이야.
- 영철이는 심술을 잘 부려서 친구들은 그를 심술쟁이라고 불러.

확인 콕콕!!

다음 문장의 빈칸에 알맞은 말을 골라 써 보세요.

1 옛날에는 양복을 만드는 사람을 _____라고 불렀다. 양복장이 양복쟁이

2 내 동생은 떼쓰기를 잘해서 별명이 _____다. 떼장이 떼쟁이

3 우리 마을에는 페인트칠을 잘하는 _____가 많다. 칠장이 칠쟁이

4 겁이 많은 사람은 _____, 옹기를 잘 만드는 사람은 _____라고 부른다.

겁장이 | 겁쟁이   옹기장이 | 옹기쟁이

19 힘이 달리다 vs 사은품이 딸리다

승리: 이번 대회는 상대편 선수보다 우리 선수들의 기술이 달려서 걱정돼.
태권: 괜찮아. 우리에게는 행운이 사은품처럼 딸려 올 거야.

 '달리다'는 뛰어간다는 의미 말고도 기술 등이 모자란다고 말할 때 사용하고, '딸리다'는 무언가에 붙어 온다고 말할 때 사용해요.

힘이 달리네.

달리다
재물, 기술, 힘 등이 모자란다는 뜻이다.

이것도!
'모자라다'와 비슷한 말

• 나는 영어가 달려서 원어민 선생님에게 한마디도 못했어.

• 나는 체력이 달려서 등산은 자신이 없어.

사은품이 딸려 왔네.

딸리다
어떤 것에 매이거나 붙어 있다는 말이다.

이것도!
'매이다, 붙다'와 비슷한 말

• 과자를 샀더니 사은품으로 사탕이 딸려 왔어요.

• 그에게는 아픈 노모와 아내, 그리고 자식이 셋이나 딸려 있어요.

확인 콕콕!!

다음 문장의 빈칸에 알맞은 말을 골라 써 보세요.

1 그 식당은 일손이 _____ 서비스가 부실하다.　달려서　딸려서

2 그 집에는 수영장이 있는 넓은 마당이 _____ 있다.　달려　딸려

3 실력이 _____ 더 많이 노력해야 한다.　달리면　딸리면

4 호흡이 _____ 나는 마라톤을 완주했고, 3등을 하여 부상으로 무선 이어폰이 _____ 왔다.　달렸지만 | 딸렸지만　달려 | 딸려

20 신기록을 경신하다 vs 면허증을 갱신하다

영지: 우리나라 사격 선수팀이 세계 기록을 경신했대.

현중: 대단하다. 그럼 신기록 문서를 갱신해 다시 써야겠네.

 기록과 관련해서 '경신하다'는 새로운 기록을 냈음을 말할 때 사용하고, '갱신하다'는 기존에 있던 것을 고쳐서 새롭게 만든다고 말할 때 써요.

신기록을 경신했어요.

경신하다

경기 등에서 종전의 기록을 깨뜨린다는 뜻이다.

이것도!

'깨다'와 비슷한 말

- 그가 100m 달리기 세계 기록을 경신했어.
- 무역 수지 적자가 연일 사상 최대치 기록을 경신하고 있어.

면허증을 갱신했어요.

갱신하다

이미 있던 것을 고쳐 새롭게 한다는 뜻이다.

이것도!

'변경하다, 쇄신하다'와 비슷한 말

- 선생님, 생활 기록부 내용을 갱신할 수 있나요?
- 여권 유효 기간이 만료되기 전에 미리 갱신해야 해요.

확인 콕콕!!

다음 문장의 빈칸에 알맞은 말을 골라 써 보세요.

1 엄마는 운전 면허증을 _____ 경찰서에 가셨다. 경신하러 갱신하러

2 그는 이번 올림픽에서 신기록을 _____. 경신했다 갱신했다

3 올여름 전력 사용량이 최고치를 _____. 경신했다 갱신했다

4 그녀는 최연소 우승 기록을 _____, 광고 계약들을 모두 _____.
경신하고 | 갱신하고 경신했다 | 갱신했다

도전! 맞춤법 퀴즈1

※ 다음 문장이 자연스럽게 완성되도록 괄호 안에서 알맞은 단어를 찾아 ○표 하세요.

1 떨어진 동전을 (집으려고 / 짚으려고) 나는 몸을 구부려 바닥을 (집었다 / 짚었다).

2 선생님이 수행평가 제출 기한을 (연장해 / 연기해) 주셔서 준비 시간이 훨씬 (연장되었다 / 연기되었다).

3 농촌 체험에서 아이들은 직접 호두를 까서 (알갱이 / 알맹이)를 맛있게 먹고, 보리 (알갱이 / 알맹이)도 씹어 보았다.

4 언덕 (너머 / 넘어)에 있는 무지개를 잡으러 정호는 창문을 (너머 / 넘어) 달려갔다.

5 내 친구는 나보다 키가 (작고 / 적고), 먹는 양도 나보다 (작다 / 적다).

6 우리 반 친구들이 (출연하는 / 출현하는) 연극 무대에 갑자기 괴한이 (출연하여 / 출현하여) 모두를 놀라게 했다.

7 이번에 수학 올림피아드 세계 신기록을 (경신한 / 갱신한) 초등학생으로 인해 세계 영재 학생 명단도 (경신하게 / 갱신하게) 되었다.

8 여름날의 강한 (햇빛 / 햇볕)과 얼굴에 내리쬐는 쨍쨍한 (햇빛 / 햇볕)을 피하려고 우리는 좁은 그늘 아래 모여 있었다.

9 정신없이 (한창 / 한참) 뛰고 있는 사람들을 따라가다 보니 시간이 (한창 / 한참) 지났다.

10 바쁘게 앞만 보고 살다 보면 우리는 꿈을 이루자는 친구와의 약속도 (잃고 / 잊고), 어린 시절 품었던 꿈도 (잃어버리게 / 잊어버리게) 된다.

11 달아나는 강아지를 (**쫓다 / 좇다**)가 잠시 접어 두었던 사육사의 꿈을 다시 (**쫓기로 / 좇기로**) 마음먹었다.

12 앞산에 솟은 산(**봉오리 / 봉우리**)에 철쭉 (**봉오리 / 봉우리**)가 활짝 피어 있었다.

13 이번 참사로 갑자기 아들을 (**여윈 / 여읜**) 외삼촌은 큰 슬픔에 잠겨 몸이 많이 (**여위셨다 / 여의셨다**).

14 신제품의 질이 생각했던 것보다 (**달리니 / 딸리니**) 사은품을 하나씩 (**달려서 / 딸려서**) 출시하자.

15 그 아이는 자세를 (**반드시 / 반듯이**) 하고 이번에는 (**반드시 / 반듯이**) 이 책을 다 읽겠다고 다짐했다.

16 아무리 다 잘 먹고 이도 튼튼한 아이라지만, 그 애가 토마토 (**껍질과 / 껍데기와**) 조개 (**껍질 / 껍데기**)까지 먹을 수 있을까?

17 학교에 가려고 나는 신발 끈을 동여(**매고 / 메고**), 등에 배낭을 (**맸다 / 멨다**).

18 건축 공사장에서 벽에 시멘트를 바르는 (**미장이 / 미쟁이**)가 일 (**욕심장이 / 욕심쟁이**)여서 매일 늦게까지 남아서 일한다.

19 버스 안에서 눈을 (**지그시 / 지긋이**) 감았다 떴더니 나이가 (**지그시 / 지긋이**) 들어 보이는 아주머니가 나를 빤히 보고 계셨다.

20 들에서 하루 종일 풀을 (**베니 / 배니**), 온몸에 풀 냄새가 (**베었다 / 배었다**).

도전! 맞춤법 퀴즈2

※ [A–B] 다음 글에서 맞춤법이 틀린 부분을 <u>5곳</u> 찾아 표시하고 바르게 고쳐 쓰세요.

A

우리 가족은 제주도 여행을 하는 도중에 무리에서 이탈해 길을 잊고 들판을 헤매는 염소 한 마리를 보았다. 아빠께 자동차 속도를 줄여 달라고 부탁하고 염소 무리를 찾아보려고 주변을 둘러보았다. 그런데 염소 떼는 보이지 않고 사방 천지에 유채꽃이 한참이었다. 내가 계속해서 그 염소를 걱정하자 엄마께서는 염소 주인이 찾으러 올 거라며 너무 걱정하지 말라고 하셨다. 자동차 창문 넘어로 눈부신 햇볕을 받아 더욱 아름다운 자연 경관을 보며 염소가 반듯이 무리로 돌아가기를 마음속으로 빌었다.

	틀린 단어	바르게 고치기
1	잊고	잃고
2		
3		
4		
5		

B

우리 반에는 키가 가장 큰 친구와 몸무게가 가장 작은 친구가 짝이 되어 앉아 있다. 회찬이는 또래 다른 아이들보다 키가 두 뼘 정도 커서 운동장 조회 때 앞에서 보면 우뚝 선 산봉오리처럼 보인다. 소영이는 엄마가 돌아가신 뒤 몸이 점점 여의어 저체중이 되었다. 그 둘이 체육 대회 2인 3각 경기에 출현했을 때 사람들은 두 사람의 몸집 차이에 놀랐다. 그리고 육상 선수인 회찬이가 전국 체전 100미터 달리기에서 신기록을 갱신하여 뉴스에 보도되며 다시 한번 사람들을 놀라게 했다.

	틀린 단어	바르게 고치기
1		
2		
3		
4		
5		

Chapter 2

수행평가 때
가장 많이
잘못 써요!

1 퍼즐을 맞추다 vs 답을 맞히다

소윤: 오늘은 어제 새로 산 퍼즐을 맞추고 놀자.
소영: 좋아. 그럼 내일은 우리말 퀴즈 답을 맞히고 놀자.

 '맞추다'와 '맞히다'는 뜻이 전혀 다르기 때문에 구분해서 써야 해요. '맞추다'는 대상이나 시간 등을 맞출 때 사용하고, '맞히다'는 답이나 목표물 등을 맞힐 때 사용해요.

퍼즐을 맞추자.

맞추다

떨어져 있는 두 대상을 붙이거나 약속 시간을 넘기지 않다는 뜻이다.

이것도!

'두 대상을 비교해 살핀다'는 뜻도 있어.

- 태연이는 깨진 그릇 조각을 맞추려고 애쓰고 있어요.
- 어제 나는 동생과 퍼즐을 맞추며 놀았어요.
- 정연이는 분해했던 장난감 조각을 다시 맞추고 있네요.

답을 맞히자.

맞히다

문제의 정답을 틀리지 않게 하다는 뜻이다.

이것도!

'화살이나 주사를 맞힌다'는 뜻도 있어.

- 마지막 문제는 답을 맞히지 못했어요.
- 이모는 아기에게 주사를 맞히러 병원에 갈 거예요.
- 은정이와 과녁에 화살을 맞히는 놀이를 했어요.

확인 콕콕!!

다음 문장의 빈칸에 알맞은 말을 골라 써 보세요.

1 장군이는 친구와의 약속 시간을 _____ 위해 서둘렀다. 맞추기 맞히기

2 선생님이 내신 수수께끼를 _____ 상품으로 초콜릿을 받았다. 맞추어 맞히어

3 창문틀에 잘 _____ 블라인드를 달아야 한다. 맞추어 맞히어

4 골든벨 문제가 나오는 라디오 주파수를 _____ 문제를 _____ 보자.
맞춰서 | 맞혀서 맞춰 | 맞혀

2 빛이 비치다 vs 빛을 비추다

소은: 실내가 어두워서 휴대폰에 비치는 내 모습이 흐릿해 보여.
영진: 손전등으로 휴대폰을 비추면 잘 보이지 않을까?

 '비치다'는 빛을 받아서 모양이 나타나 보이는 경우에 사용하고, '비추다'는 물체나 대상에 빛을 보내어 밝게 나타나게 할 때 사용해요.

빛이 비치네.

비치다

빛을 받아 모양이 나타나 보인다는 뜻이다.

이것도!
'빛이 나서 **환하게 된다**'는 뜻도 있어.

• 호수에 비친 달이 환하네.
• 번개가 쳐서 집 안을 환하게 비쳤어요.
• 가로등 불빛에 비친 그의 옆모습이 슬퍼 보였어요.

빛을 비춰 봐.

비추다

빛을 내어 밝게 한다는 뜻이다.

이것도!
'**밝히다**'와 비슷한 말

• 동굴 안을 휴대전화 불빛으로 비추자.
• 불빛이 방 안을 비추고 지나갔어요.
• 손전등으로 천장을 비춰 봐라.

확인 콕콕!!

다음 문장의 빈칸에 알맞은 말을 골라 써 보세요.

1 햇빛이 _____ 곳을 찾아 앉았다.　비치는　비추는

2 그가 손전등을 _____ 고양이가 후다닥 달아났다.　비치자　비추자

3 창고 안은 빛이 _____ 않아 아주 깜깜했다.　비치지　비추지

4 그림에 불빛을 _____ 그림 속에 내 얼굴이 _____ 것처럼 보였다.
  비치니 | 비추니　비치는 | 비추는

3 서점에 들르다 vs 소리가 들리다

가영: 학원 가는 길에 서점에 먼저 들르면 좋겠어.
영철: 뭐라고 했어? 가영이 네 말소리가 너무 작아서 들리지 않았어.

 '들르다'는 목적지를 향해 가는 길에 어딘가에 잠깐 머무르는 경우에 사용하고, '들리다'는
귀로 소리가 들어온다는 뜻을 나타낼 때 사용해요.

서점에 들르자.

들르다

지나는 길에 잠깐 들어가
머무르다라는 뜻이다.

이것도!
'거치다'와 비슷한 말

• 집에 가는 길에 친구 집에 들렀어요.

• 영주는 편의점에 들러 간식으로 빵과 우유를 샀어요.

소리가 들리는데.

들리다

어떤 소리가 귀에 들어오다
라는 뜻이다.

이것도!
'흘러나오다'와 비슷한 말

• 옆집에서 밤마다 세탁기 돌리는 소리가 들려 잠을 잘 수가 없어요.

• 동진이는 이상한 소리가 들리는 곳을 보았어요.

확인 콕콕!!

다음 문장의 빈칸에 알맞은 말을 골라 써 보세요.

1 나는 학원 가는 길에 잠깐 PC방에 _____ 싶다. 들르고 들리고

2 나는 책을 반납하러 도서관에 _____. 들렀다 들렸다

3 바다가 가까워지자 파도 소리가 _____. 들렀다 들렸다

4 박물관에 _____ 멀리서 _____ 피아노 선율이 참 아름다웠다.
  들렀는데 | 들렸는데 들르는 | 들리는

4 학생을 가르치다 vs 하늘을 가리키다

영은: 나는 학생을 가르치는 교사가 될 거야.
철중: 나는 하늘을 가리키는 천문학자가 될 거야.

 보통 '가르치다'와 '가리키다'를 혼동해서 쓰는 경우가 많아요. '가르치다'는 교육을 받게 하는 경우에 사용하고, '가리키다'는 방향이나 대상을 집어 나타낼 때 사용해요.

학생을 가르쳐.

가르치다

지식이나 기능 따위를 깨닫게 한다는 뜻이다.

이것도!

'**교육하다, 강의하다**'와 비슷한 말

• 내가 동생에게 수학을 가르쳐 주었다.

• 부모가 자식의 버릇을 가르쳐야 한다.

• 신입생이 학교에 잘 적응하도록 교칙을 가르쳐야 한다.

하늘을 가리켜.

가리키다

손가락으로 어떤 방향이나 대상을 집어 말하다라는 뜻이다.

이것도!

'**지목하다**'와 비슷한 말

• 아빠가 유성이 날아간 서쪽 하늘을 가리켰어요.

• 그는 범인이 사라진 쪽을 가리켰어요.

• 먹고 싶은 케이크를 손가락으로 가리켜 보세요.

확인 콕콕!!

다음 문장의 빈칸에 알맞은 말을 골라 써 보세요.

1 내가 친구에게 이곳에 들어오는 방법을 _____ 주었다. 가르쳐 **가리켜**

2 그는 사람들이 손가락으로 _____ 방향으로 달렸다. 가르친 **가리킨**

3 자식을 _____ 부모의 허리가 휘었다. 가르치느라 **가리키느라**

4 목격자가 몽타주를 살피다가 범인의 얼굴을 _____, 그는 대학에서 범죄 심리학을 _____ 있는 교수였다. 가르쳤는데 | 가리켰는데 **가르치고 | 가리키고**

5 깜짝 놀라다 vs 친구를 놀래다

엄마: 아이고, 아들 때문에 엄마가 놀랐잖아.
중일: 죄송해요. 엄마를 놀래 주려고 그런 건 아니에요.

 '놀라다'는 자신이 놀랐을 때, '놀래다'는 '놀래 주다'와 같이 남을 놀라게 할 때 쓰는 말이에요. 따라서 '놀라다'와 '놀래다'는 상황에 맞게 정확히 구별해서 써야 해요.

깜짝 놀랐어요.

놀라다

뜻밖의 일이나 무서움에 가슴이 두근거린다는 뜻이다.

이것도!
'기겁하다'와 비슷한 말

- 가영이는 천둥소리에 깜짝 놀랐어요.
- 자동차 경적에 아이가 깜짝 놀라 울어요.
- 아휴, 놀라라. 깜짝 놀랐잖아.

친구를 놀래 줬어요.

놀래다

뜻밖의 일로 남을 놀라게 하다라는 뜻이다.

이것도!
'겁을 줘서 놀라게 하다'는 뜻도 있어.

- 나는 친구를 놀래 주려고 갑자기 소리를 꽥 질렀어.
- 우리가 갑자기 나타나서 수지를 놀래 주자.
- 영희를 놀래 주려 커튼 뒤에 숨어 있자.

확인 콕콕!!

다음 문장의 빈칸에 알맞은 말을 골라 써 보세요.

1 그는 강도를 만나 크게 _____. 놀랐다 　놀랬다

2 너 왜 그래? 너무 _____ 표정이네? 놀란 　놀랜

3 소리 지르지 마. 아기가 _____. 놀라 　놀래

4 자라 보고 _____ 가슴 솥뚜껑 보고 _____. 놀란ㅣ놀랜 　놀란다ㅣ놀랜다

6 분량을 늘리다 vs 고무줄을 늘이다

성호: 글쓰기 수행평가 분량을 좀 더 늘리지 그래?
중일: 글이 고무줄 늘이는 것처럼 쉽게 늘려지지 않아.

 '늘리다'와 '늘이다' 역시 혼동해서 쓰는 경우가 많아요. '늘리다'는 수·양이 많아지고 크기가 커질 때 사용하고, '늘이다'는 주로 선과 관련하여 길이를 길게 할 때 사용해요.

분량을 늘리자.

늘리다

수나 분량, 시간 등을 원래보다 많아지게 하다, 물체를 커지게 하다라는 뜻이다.

이것도!
'연장하다, 확장하다'와 비슷한 말

- 의학의 발전은 인간의 수명을 <u>늘리는</u> 데 기여했어요.
- 옷이 많아져서 나진이는 옷장을 <u>늘렸어요.</u>

고무줄을 늘이자.

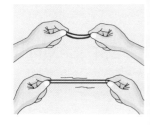

늘이다

원래보다 더 길어지게 하다라는 뜻이다.

이것도!
'줄이다'의 반대말

- 엿장수가 엿가락을 <u>늘였어요.</u>
- 엄마는 어제 산 양복 바지의 길이를 <u>늘이려고</u> 세탁소에 수선을 맡겼어요.

확인 콕콕!!

다음 문장의 빈칸에 알맞은 말을 골라 써 보세요.

1 해가 그림자의 길이를 길게 _____. 늘렸다 **늘였다**

2 몸에 살이 좀 붙게 밥 먹는 양을 _____ 어떨까? **늘리면** 늘이면

3 우리 엄마는 살림살이를 자꾸 _____. **늘린다** 늘인다

4 바지 길이를 _____ 수선 시간을 _____ 주세요.
늘리려면 | 늘이려면 **늘려 | 늘여**

7 배추를 절이다 vs 다리가 저리다

엄마: 내일 김치를 담가야 하니 오늘 배추를 절이자.
중일: 다리가 저릴 수 있으니 의자에 앉아서 하세요.

 발음이 유사해서 혼동하는 경우가 많지만 '절이다'는 음식 재료에 간이 배어들게 한다는
표현에 사용하고, '저리다'는 몸에 나타나는 둔하거나 저린 증상을 표현할 때 써요.

배추를 절여요.

절이다
채소나 생선을 소금, 식초, 설탕에 담가 간이 배어들게 한다는 뜻이다.

• 배추를 소금물에 절여서 김치를 담가요.

• 생선을 소금에 절이면 오래 보관할 수 있어요.

다리가 저려요.

저리다
뼈마디나 몸의 일부가 쑥쑥 쑤시듯이 아프다는 뜻이다.

이것도!
'피가 잘 통하지 못해 둔하다'는 뜻도 있어.

• 오래 앉아 있었더니 다리가 저려요.

• 친구가 내 손목을 오래 잡고 있어서 손이 저리네요.

확인 콕콕!!

다음 문장의 빈칸에 알맞은 말을 골라 써 보세요.

1 누워서 휴대폰 게임을 했더니 목덜미가 _____. 절인다 저린다

2 이 피클은 레몬 식초에 _____ 너무 맛있다. 절여서 저려서

3 뜨개질을 오래 했더니 손가락 마디가 _____. 절인다 저린다

4 많은 양의 복숭아를 설탕에 _____ 팔이 찌릿찌릿 _____.
   절였더니 | 저렸더니 절인다 | 저린다

8 속을 썩이다 vs 재능을 썩히다

승일: 승재야, 우리 게임 시간을 줄여서 엄마 속 좀 그만 썩이자.
승재: 알았어. 게임하느라 내 재능을 썩힌다는 생각이 들긴 해.

'썩이다'는 마음을 괴롭게 만든다고 말할 때 사용하고, '썩히다'는 음식, 물건, 재능 등을
썩게 하거나 발휘하지 못할 때 사용해요.

속을 썩이지 마.

썩이다
걱정이나 근심으로 마음을
괴롭게 한다는 뜻이다.

이것도!

'들볶다'와 비슷한 말

• 이제 부모님 속 좀 작작 썩여라.

• 제 동생은 아직 철이 없어서 제
  속을 많이 썩이는 편이에요.

재능을 썩히지 마.

썩히다
음식을 썩게 만들다. 물건
이나 사람의 재능을 제대로
쓰지 못한 상태로 있게 한
다는 뜻이다.

이것도!

'묵히다'와 비슷한 말

• 시골에서는 음식을 썩혀 거름을
  만들어요.

• 엄마는 내가 좋은 머리를 썩히고
  있다고 걱정하세요.

확인 콕콕!!

다음 문장의 빈칸에 알맞은 말을 골라 써 보세요.

1 열심히 공부해서 엄마 속을 _____ 말아야겠다. 썩이지 **썩히지**

2 그는 시골구석에서 재능을 _____ 있다. 썩이고 **썩히고**

3 음식을 _____ 거름을 만든다. 썩여서 **썩혀서**

4 나는 학창 시절에 좋은 머리를 _____ 부모님 속을 _____.
썩여 | 썩혀 **썩였다 | 썩혔다**

9 바지를 다리다 vs 한약을 달이다

영철: 엄마, 교복 바지가 너무 구겨졌어요. 다려 주세요.
엄마: 지금 아빠 한약 달이는 중이니 끝나고 다려 줄게.

'다리다'는 다리미로 문질러 구김을 없애는 경우에 사용하고, '달이다'는 약이나 차를 끓여서 진하게 만든다고 말할 때 사용해요.

바지를 다려 쥐.

다리다
천 등의 주름을 펴기 위해 다리미로 문지른다는 뜻이다.

이것도!
'대리다'는 잘못된 표현

• 아버지가 항상 내 바지와 셔츠를 다려 주세요.
• 구겨진 교복 바지 좀 다려 입어라.

한약을 달여 쥐.

달이다
약재에 물을 넣고 우려 나오게 끓이다, 액체 등을 끓여서 진하게 만든다는 뜻이다.

• 집에서 한약을 달이니까 집 안에 한약 냄새가 진동을 하네.
• 엄마는 차를 달여 집에 오는 손님에게 대접했어요.

확인 콕콕!!

다음 문장의 빈칸에 알맞은 말을 골라 써 보세요.

1 다리미로 교복 셔츠를 _____ 손을 데었다. 다리다가 달이다가

2 대추차가 진하게 잘 _____. 다려졌다 달여졌다

3 외할머니 집에서 간장 _____ 냄새가 난다. 다리는 달이는

4 한약을 _____ 동안 구겨진 옷을 _____ 겠다. 다리는 | 달이는 다려야 | 달여야

10 다리를 벌리다 vs 일을 벌이다

엄마: 은성아, 지하철 자리에 앉을 때는 다리를 벌리고 앉지 마라.
은성: 아, 맞아요! 다른 사람에게 불편을 주는 일은 벌이지 않아야 하죠.

'벌리다'와 '벌이다'는 의미가 전혀 다른 말이므로 구별해서 써야 해요. '벌리다'는 간격을 넓힘에 대해 말할 때, '벌이다'는 일을 시작하거나 펼쳐 놓음을 말할 때 사용해요.

다리를 벌리지 마라.

벌리다

둘 사이를 넓히거나 연다는 뜻이다.

이것도!
'돈벌이가 된다'는 뜻도 있어.

• 애들아, 줄 간격을 좀 벌려라.

• 은아는 입을 벌리고 하품을 하고 있어요.

• 쌀을 푸게 쌀자루를 벌려라.

일을 벌이지 마라.

벌이다

일을 계획해 시작하거나 펼쳐 놓는다는 뜻이다.

이것도!
'물건을 늘어놓다'는 뜻도 있어.

• 온라인 게임을 하다가 친구와 논쟁을 벌였어요.

• 아빠와 삼촌은 명절마다 바둑판을 벌여요.

• 숲속 동물들이 사자의 생일 잔치를 벌였어요.

확인 콕콕!!

다음 문장의 빈칸에 알맞은 말을 골라 써 보세요.

1 승철이가 문구점 주인과 입씨름을 _____ 있다.   벌리고   **벌이고**

2 체조를 하기 전에 학생들은 양팔 간격으로 사이를 _____ 섰다.   **벌리고**   벌이고

3 지나가던 개가 가랑이를 _____ 오줌을 쌌다.   벌리고   **벌이고**

4 붕어빵 사업을 _____ 돈이 잘 _____.   벌리니 | 벌이니   **벌렸다 | 벌였다**

풀숲을 헤치다 vs 사람을 해치다

아빠: 풀숲을 헤치고 들판을 지나면 강이 나올 거야.
중일: 그 강에는 사람을 해치는 악어가 살고 있대요.

발음과 글자 모양이 비슷해 혼동하기 쉽지만 '헤치다'는 좌우로 물리치거나 어려움 등을
극복해 나간다는 의미로, '해치다'는 손상이나 해를 입힌다는 의미로 사용해요.

풀숲을 헤치자.

헤치다

앞에 걸리는 것을 좌우로
물리친다는 뜻이다.

이것도!
'헤집다'와 비슷한 말

• 우리는 안개 속을 헤치고 앞으로
나아갔어요.

• 쓰레기 더미 속을 헤치고 잃어버
린 물건을 찾았어요.

사람을 해치면 안 돼.

해치다

사람이나 동물 등을 다치게
하거나 사람의 마음이나 몸
에 해를 입힌다는 뜻이다.

• 쓰레기가 도시의 환경을 해치고
있어요.

• 건강을 해치는 인스턴트 식품의
섭취를 줄여야 해요.

확인 콕콕!!

다음 문장의 빈칸에 알맞은 말을 골라 써 보세요.

1 담배는 우리의 건강을 _____. 　헤친다　해친다

2 선원들은 거친 파도 속을 _____ 바다로 나아갔다. 　헤치고　해치고

3 집에 도둑이 들었는데 다행히 사람은 _____ 않았다. 　헤치지　해치지

4 숲속을 _____ 나아가다 사람을 _____ 곰을 만났다.
헤치며 I 해치며　헤치는 I 해치는

12 모습을 드러내다 vs 돌을 들어내다

종수: 수철아, 어제 네가 모습을 드러내자 친구들이 깜짝 놀라더라.

수철: 그랬어? 내가 돌을 들어내느라 너무 힘들어서 달라 보였나?

 '드러내다'는 신체 부위, 감정, 생각, 사실 등을 노출함을 말할 때 사용하고, '들어내다'는 물질, 물건, 사람 등을 이동시킴을 말할 때 사용해요. 발음이 같아도 혼동하면 안 돼요.

모습을 드러내라.

드러내다

가려 있거나 보이지 않던 것을 보이게 한다는 뜻이다.

이것도!
'나타내다'와 비슷한 말

- 모두를 공포에 떨게 한 존재가 모습을 드러냈어요.
- 윤희는 감정을 잘 드러내지 않아요.
- 그가 드디어 본색을 드러냈어요.

돌을 들어내라.

들어내다

물건을 들어서 밖으로 옮긴다는 뜻이다.

이것도!
'내놓다, 꺼내다'와 비슷한 말

- 방에서 이삿짐을 들어냈어요.
- 삼촌은 위에서 혹을 들어내는 수술을 했어요.
- 희철이는 책상을 들어내고 청소를 하기 시작했죠.

확인 콕콕!!

다음 문장의 빈칸에 알맞은 말을 골라 써 보세요.

1 나는 앞을 가로막는 장애물을 _____ 달렸다. 드러내고 들어내고

2 창고에 있는 물건을 모두 _____. 드러냈다 들어냈다

3 호랑이가 이빨을 _____ 으르렁거렸다. 드러내고 들어내고

4 아버지가 남긴 가방을 _____ 그는 아버지에 대한 안타까운 속마음을 _____.
드러내면서 | 들어내면서   드러냈다 | 들어냈다

13 발에 거치다 vs 안개가 걷히다

승철: 올림픽을 앞두고 거치는 문제가 혹시 있니?
영철: 아니, 선수촌에 가게 되어 내 불투명한 미래에 안개가 걷히는 느낌이야.

 '거치다'는 막힘이나 들르는 경우를 말할 때 사용하고, '걷히다'는 날씨나 모금 등에 대해 말할 때 사용해요.

발에 거쳐요.

거치다
걸리거나 막히다. 오가는 도중에 어디를 들른다는 뜻이다.

이것도!
'마음에 거리끼다'란 뜻도 있어.

- 부러진 나뭇가지가 내 발에 거쳤어.
- 큰 문제가 해결되었으니 이제 우리에게 거칠 문제는 없어.
- 천안을 거쳐 대전으로 내려가자.

안개가 걷혔어요.

걷히다
구름이나 안개가 흩어져 없어진다. 돈이나 물건을 걷는다는 뜻이다.

이것도!
날씨를 말할 때는 '개다'와 비슷한 말

- 밖에 안개가 걷혔어.
- 검은 먹구름이 걷히자 세상이 환해졌어.
- 불우 이웃 돕기 성금이 작년보다 많이 걷혔어요.

확인 콕콕!!

다음 문장의 빈칸에 알맞은 말을 골라 써 보세요.

1 장마가 _____ 불볕더위가 시작됐다.   거치자   걷히자

2 우리 반은 3반에 비해 숙제가 잘 _____.   거친다   걷힌다

3 나는 지난주에 순천을 _____ 남해에 다녀왔다.   거쳐   걷혀

4 안개가 _____ 그들은 산정호수를 _____ 가기로 했다.
거치자 | 걷히자   거쳐 | 걷혀

14 편지를 부치다 vs 풀을 붙이다

엄마: 우체국에 편지 부치러 언제 갈 거니?
영아: 봉투에 풀을 다 붙이고 나서 가려고요.

 '부치다'와 '붙이다'도 발음이 같아서 혼동해서 쓰는 경우가 많아요. '부치다'는 물건 등을 보낸다고 말할 때 사용하고, '붙이다'는 주로 벽 등에 부착한다고 말할 때 사용해요.

편지를 부치자.

부치다
편지나 물건 따위를 보내다, 모자라거나 미치지 못한다는 뜻이다.

이것도!
물건을 보낼 때는 '**발송하다**'와 비슷한 말

- 예전처럼 연애 편지를 부쳐 봐라.
- 엄마는 우체국에 소포를 부치러 갔어요.
- 저는 힘에 부쳐서 더 이상 못하겠어요.

풀을 붙이자.

붙이다
맞닿아 떨어지지 않게 하다, 불을 일으켜 타게 한다는 뜻이다.

이것도!
'**조건, 이유, 구실 따위를 딸리게 하다**'는 뜻도 있어.

- 편지를 보낼 때는 봉투에 우표를 붙여야지.
- 아빠가 연탄에 불을 붙이고 고기를 굽기 시작했어요.
- 씹던 껌을 책상에 붙이지 마라.

확인 콕콕!!

다음 문장의 빈칸에 알맞은 말을 골라 써 보세요.

1 지수는 좋아하는 아이돌 사진을 벽에 _____.   부쳤다   붙였다

2 엄마는 요즘 집안일이 힘에 _____ 말씀하신다.   부친다고   붙인다고

3 정전이 되자 형이 초에 불을 _____ 환하게 해 주었다.   부쳐   붙여

4 비행기 탑승 전에 가방에 이름표를 _____ 수화물로 _____.
부치고 | 붙이고   부친다 | 붙인다

15 승리를 바라다 vs 색이 바래다

도영: 연습이 부족했는데 우리 팀의 승리를 바라는 건 욕심이겠지?
중일: 야, 유니폼 색은 바래도 우리 팀 실력은 변함없을 거야.

 '바라다'는 생각이나 바람대로 이루어지기를 기대한다고 말할 때 사용하고, '바래다'는 색이 변함을 말할 때 사용해요.

승리를 바라요.

바라다
일이 생각이나 바람대로 이루어지기를 기대한다는 뜻이다.

이것도!
'기대하다'와 비슷한 말

- 우리는 기적이 일어나기를 바랐어요.
- 할아버지께서 건강하게 오래오래 사시기를 바라요.

색이 바래요.

바래다
볕이나 습기를 받아 색이 변한다는 뜻이다.

이것도!
'변색하다'와 비슷한 말

- 도배를 하기 전에 누렇게 바랜 벽지를 뜯어냈어요.
- 내 방에 햇빛이 들어와 옷걸이에 걸린 옷의 색이 다 바랬어요.

확인 콕콕!!

다음 문장의 빈칸에 알맞은 말을 골라 써 보세요.

1 전쟁이 빨리 끝나기를 전 세계 사람들이 _____ 있다.　바라고　바래고

2 나는 성공에 대한 _____ 이 간절하다.　바람　바램

3 오래 입은 셔츠의 색이 _____ 새로 사야 했다.　바라서　바래서

4 빛은 _____ 우정은 변하지 않기를 _____ .　바라도 | 바래도　바란다 | 바랜다

16 밖에 있다가 vs 조금 이따가

영진: 엄마, 오랜만에 친구를 만나서 좀 더 밖에 있다가 들어갈게요.
엄마: 조금 이따가 아빠가 출장에서 돌아오시니까 가급적 빨리 오렴.

 '있다가'와 '이따가'는 발음이 같아서 혼동하는 경우가 많아요. '있다가'는 어떤 장소에 머문다고 말할 때 사용하고, '이따가'는 시간이 조금 지난 후를 말할 때 사용해요.

 밖에 있다가 갈게.

있다가

'머물다'라는 의미인 '있다'의 '있-'에 '-다가'가 붙어 만들어진 말이다.

이것도!
'머물다가'와 비슷한 말

• 집에 있다가 심심해서 나왔어요.
• 저는 학교에 조금 더 있다가 학원으로 갈게요.

조금 이따가 갈게.

이따가

조금 지난 뒤에라는 뜻이다.

이것도!
'이따'와 비슷한 말

• 다희야, 이따가 수업 끝나고 만나자.
• 지금은 배가 부르니 조금 이따가 먹을게요.

확인 콕콕!!

다음 문장의 빈칸에 알맞은 말을 골라 써 보세요.

1 엄마가 조금 _____ 집에 손님이 온다고 하셨다.   있다가   이따가

2 밖에 비가 와서 도서관에 _____ 비가 그치고 나왔다.   있다가   이따가

3 형은 집에 온 김에 며칠 더 _____ 간다고 했다.   있다가   이따가

4 현수가 _____ 자장면을 시켜 줄 테니 자기 집에 좀 더 _____ 가라고 했다.
   있다가 | 이따가   있다가 | 이따가

17 서로 다르다 vs 답이 틀리다

인하: 이 문제는 어제 풀었던 문제와 수식을 다르게 적용해야 해.

해수: 문제가 비슷해서 같은 수식을 적용했더니 답이 틀렸구나.

'다르다'는 같지 않음에 대해 말할 때 사용하고, '틀리다'는 옳고 그른 것을 가릴 때 사용해요.

서로 다르네.

다르다

비교되는 두 대상이 서로 같지 않다는 뜻이다.

이것도!

'남다르다, 별나다'와 비슷한 말

• 쌍둥이인데도 너와 너희 형은 성격이 정말 다르네.

• 어릴 때 사진을 보니 지금 네 얼굴과 많이 다르구나.

답이 틀리네.

틀리다

셈이나 사실 등이 잘못되거나 어긋난다는 뜻이다.

이것도!

'그르다'와 비슷한 말

• 수학 20번은 아무리 계산해 봐도 정답이 틀린 것 같아요.

• 이번에는 네가 한 말이 틀렸어.

확인 콕콕!!

다음 문장의 빈칸에 알맞은 말을 골라 써 보세요.

1 문구점 아저씨가 거스름돈 계산을 _____ 하셨다.   다르게   틀리게

2 이번 시험에서 내가 쓴 답과 정답이 많이 _____ 속상했다.   달라서   틀려서

3 연극 대사를 한 번도 _____ 않고 무사히 마쳤다.   다르지   틀리지

4 친구와 나는 생각이 _____ 표현 방식도 _____.   다르니 | 틀리니   다르다 | 틀리다

18 두께가 두껍다 vs 신뢰가 두텁다

유진: 언니와 나의 신뢰가 두터운 것처럼 이불도 두터운 거야?

유경: 이불은 두텁다가 아니고 두께가 두껍다고 하는 거야.

 '두껍다'와 '두텁다'도 구별해서 쓰기 쉽지 않은 단어예요. '두껍다'는 보통 두께를 말할 때 사용하고, '두텁다'는 친분이나 신뢰 등이 깊음을 말할 때 사용해요.

두께가 두껍네.

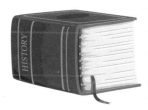

두껍다

두께나 규모가 보통의 정도보다 크다는 뜻이다.

이것도!

'얇다'의 반대말

• 날씨가 추워졌으니 두꺼운 이불을 덮고 자라.

• 방탄소년단의 팬층은 정말 두껍죠.

신뢰가 두텁네.

두텁다

신의, 믿음, 관계, 인정 따위가 굳고 깊다는 뜻이다.

이것도!

'긴밀하다'와 비슷한 말

• 부모님의 은혜는 참으로 두텁죠.

• 10년째 옆집에 사는 영진이네 가족과 우리 가족은 친분이 두터워요.

확인 콕콕!!

다음 문장의 빈칸에 알맞은 말을 골라 써 보세요.

1 1학년 때부터 친구인 현수와 나의 우정은 정말 _____. 두껍다 두텁다

2 이 책은 너무 _____ 읽을 엄두가 안 난다. 두꺼워서 두터워서

3 우리 가족은 모두 신앙이 매우 _____. 두껍다 두텁다

4 서로에게 _____ 옷을 양보할 만큼 그 형제의 우애는 _____.
두꺼운 | 두터운   두꺼웠다 | 두터웠다

19 소설 부문 vs 앞쪽 부분

선영: 예슬아, 이번에 청소년 문학상 소설 부문에서 1등을 했다며?
예슬: 응. 내 소설 앞쪽 부분이 창의적이라는 심사평을 받았어.

 '부문'과 '부분'은 전혀 다른 뜻인데 혼동해서 쓰는 경우가 많아요. '부문'은 하나의 영역을 말할 때 사용하고, '부분'은 전체 중 일부를 말할 때 사용해요.

소설 부문 1등

부문

일정한 기준에 따라 분류하거나 나누어 놓은 낱낱의 범위나 부분이란 뜻이다.

이것도!
'계통'과 비슷한 말

• 우리나라는 반도체 부문에서 세계 우위를 차지하고 있어.
• 내가 콘텐츠 대상 스토리 부문의 수상자로 선정됐어요.

앞쪽 부분

부분

전체를 이루는 작은 범위나 전체를 몇 개로 나눈 것 중 하나라는 뜻이다.

이것도!
'일부, 일부분'과 비슷한 말

• 샌드위치에 사용할 감자의 썩은 부분은 모두 잘라 내 줘.
• 원고 전체 중 일부분을 고치고 나머지는 그대로 유지해 주세요.

확인 콕콕!!

다음 문장의 빈칸에 알맞은 말을 골라 써 보세요.

1 〈홍길동〉이 드라마 _____ 최우수 작품상을 수상했다.   부문   부분

2 접촉 사고가 나서 자동차 뒤쪽 _____이 망가졌다.   부문   부분

3 비싼 셔츠 소매 _____에 큰 얼룩이 생겨서 속상하다.   부문   부분

4 ○○ 기업은 상반기에 바이오 _____에서 일정 _____ 손해를 보았다.
   부문 | 부분   부문 | 부분

20 승부를 겨루다 vs 실력을 견주다

도경: 2반과 3반이 체육 대회 축구 경기에서 승부를 겨룬다며?

정일: 응. 2반과 3반은 평소 실력을 견주기가 쉽지 않아서 치열할 것 같아.

'겨루다'는 상대와 대적하여 기량을 다툴 때 사용하고, '견주다'는 두 대상을 비교할 때 사용해요.

승부를 겨루자.

겨루다

서로 버티어 승부를 다투다 라는 뜻이다.

이것도!

'**경쟁하다**'와 비슷한 말

• 올림픽에서 세계 각국의 선수들 은 서로 기량을 겨루죠.

• 나는 친구와 피자를 누가 더 빨리 먹는지 겨뤘어요.

두 가지를 견주어 보자.

견주다

둘 이상의 사물을 질(質)이 나 양(量) 따위에서 어떠한 차이가 있는지 알기 위하여 서로 대어 보다.

이것도!

'**가늠하다, 비교하다**'와 비슷한 말

• 국내 기술로 자체 개발한 국토위 성이 이제 세계와 견주게 되었어 요.

• 이쪽 분야에서 나와 어깨를 견줄 사람은 없어요.

확인 콕콕!!

다음 문장의 빈칸에 알맞은 말을 골라 써 보세요.

1 나는 그와 실력을 _____에는 부족함이 있다.　겨루기　견주기

2 영수와 철수는 팔씨름으로 힘의 세기를 _____.　겨루었다　견주었다

3 호랑이와 고양이를 _____ 차이점을 말해 보자.　겨루고　견주어

4 이번 재판에서 옳고 그름을 _____ 승부를 _____.

겨루고 | 견주고　겨룰 것이다 | 견줄 것이다

도전! 맞춤법 퀴즈1

※ 다음 문장이 자연스럽게 완성되도록 괄호 안에서 알맞은 단어를 찾아 ○표 하세요.

1 그들은 잘못 찔리면 사람의 생명을 **(헤칠 / 해칠)** 수 있는 가시덤불을 **(헤치고 / 해치고)** 나아갔다.

2 손전등을 **(비치자 / 비추자)** 창문에 달그림자가 **(비쳤다 / 비췄다)**.

3 바이올린 레슨도 안 받고 반항하며 엄마 속을 **(썩이는 / 썩히는)** 동안 내 재능을 **(썩이고 / 썩히고)** 있다는 것을 그때는 몰랐다.

4 아빠가 아들에게 별자리에 대해 **(가르쳐 / 가리켜)** 주려고 하늘을 **(가르쳤다 / 가리켰다)**.

5 나는 수학 경시 대회 통계 **(부문 / 부분)**에서 우승을 했다. 사실 뒷**(부문/ 부분)**은 시간이 부족해서 정신없이 풀었는데 운 좋게 다 맞았다.

6 세탁소에 가지 않고 바지 길이를 **(늘리려니 / 늘이려니)** 생각보다 수선 시간을 더 많이 **(늘려야 / 늘여야)** 했다.

7 나와 형은 서로의 태권도 실력을 **(겨루기 / 견주기)** 위해 오늘도 태권도장에서 사범님의 심판하에 **(겨루고 / 견주고)** 있다.

8 남들 앞에서 원수지간인 우리의 우정이 **(두껍다 / 두텁다)**고 말하다니, 그는 정말 얼굴이 **(두껍다 / 두텁다)**.

9 한약을 **(다리고 / 달이고)** 나서 셔츠를 **(다렸더니 / 달였더니)** 손에 묻은 한약 냄새가 셔츠에 배었다.

10 나와 너는 성적이 비슷하지만, 취미나 특기 등이 (**다르기에 / 틀리기에**) 우리가 목표로 하는 미래의 꿈이 같다는 말은 (**다른 / 틀린**) 말이다.

11 친구와 호흡을 (**맞추어 / 맞히어**) 독서 골든벨 문제를 (**맞췄다 / 맞혔다**).

12 신의 손이라 불리는 수술 전문의가 모습을 (**드러내자 / 들어내자**) 환자는 대장에 생긴 종양을 이미 (**드러내 / 들어낸**) 느낌이 들었다.

13 운동장에 (**있다가 / 이따가**) 교실로 들어가니, 조금 (**있다가 / 이따가**) 선생님께서 종례하러 오셨다.

14 적극적인 홍보를 위해 전단지를 우편으로 (**부치고 / 붙이고**) 벽에도 (**부쳤다 / 붙였다**).

15 교통사고로 부모님을 잃은 나는 한 장 남은 가족사진이 햇빛에 (**바라지 / 바래지**) 않게 해 달라고 매일 소원을 빌며 (**바랐다 / 바랬다**).

16 먹구름이 (**거치자 / 걷히자**) 버스는 출발했고, 우리는 경주를 (**거쳐 / 걷혀**) 부산으로 갔다.

17 움직이는 것을 좋아하는 동생은 손가락 사이를 (**벌리고 / 벌이고**) 놀고, 머리 쓰는 것을 좋아하는 형은 장기판을 (**벌리고 / 벌이고**) 놀았다.

18 음악 소리가 (**들리는 / 들르는**) 가게에 (**들러 / 들려**) 예전 가수의 CD를 샀다.

19 친구를 깜짝 (**놀라 / 놀래**) 주려다 친구의 비명에 내가 더 (**놀랐다 / 놀랬다**).

20 사과를 설탕에 (**절여 / 저려**) 사과잼을 만들려고 한 시간 넘게 주걱으로 저었더니 손목이 (**절였다 / 저렸다**).

도전! 맞춤법 퀴즈2

※ [A–B] 다음 글에서 맞춤법이 틀린 부분을 <u>5곳</u> 찾아 표시하고 바르게 고쳐 쓰세요.

A

> 엄마는 내가 가진 과학적 재능을 썩이지 않길 바래서 방학 때마다 과학 캠프에 참가하게 하신다. 이번에도 나는 과학 캠프에서 만난 친구와 짝을 이뤄 과학 퀴즈 문제를 모두 맞췄다. 집에 돌아와 캠프에서 배운 내용을 동생에게 가리켜 주었는데, 프로그래밍 관련 뒷부문은 잘 기억이 나지 않아서 제대로 설명하지 못해 좀 아쉬웠다.

틀린 단어	바르게 고치기
1	
2	
3	
4	
5	

B

> 아침에 눈을 떠 커튼을 젖히자 햇빛이 눈부시게 비쳤다. 눈을 들어 창밖을 보다가 창틀을 기어가는 벌레를 보고 너무 놀래서 그만 다리를 벌이고 벌러덩 넘어졌다. 내가 넘어지면서 나도 모르게 큰 소리로 비명을 질렀더니 조금 있다가 엄마가 달려오셨다. 엄마의 부축을 받으며 일어났는데 넘어지면서 겹질렸는지 다리가 심하게 절였다.

틀린 단어	바르게 고치기
1	
2	
3	
4	
5	

Chapter

3

시험 답안 작성 시 가장 많이 실수해요!

1 위층 vs 윗사람 vs 웃어른

 '위'와 '아래'의 구분이 있는 것은 '윗'으로 적고, 'ㅉ, ㅊ, ㅌ, ㅍ'과 같은 된소리와 거센소리 앞에서는 '위'로 써야 해요. 다만, '위'와 '아래'의 대립이 없는 경우는 '웃-'으로 써야 해요.

위층

위-

'ㅉ, ㅊ, ㅌ, ㅍ'과 같은 된소리와 거센소리 앞에서 쓰는 말이다.

이것도!

'아래'의 반대말

• 위쪽으로 가면 문구점이 나와요.
• 위층에서 뛰는 소리가 너무 커요.

윗사람

윗-

위와 아래의 구분이 있는 것을 적을 때 쓰는 말이다.

이것도!

'아래'의 반대말

• 동생은 윗동네, 저는 아랫동네에 살아요.
• 이 옷은 윗도리가 아랫도리보다 커요.

웃어른

웃-

위와 아래로 대립되지 않는 경우 '윗' 대신 쓰는 말이다.

이것도!

아랫어른은 없으니 윗어른이 아닌 웃어른이야.

• 웃어른을 보면 인사를 해야 해.
• 이 게임기는 절판되어 웃돈을 주고 샀어요.

확인 콕콕!!

다음 문장의 빈칸에 알맞은 말을 골라 써 보세요.

1 어제 배구하다가 공에 맞아서 _____ 입술이 많이 부었다.   위   윗   웃

2 이 식물은 _____ 자람이 눈에 띈다.   위   윗   웃

3 이 집은 겨울에 _____ 풍이 심해서 _____ 목에 앉은 사람은 _____ 옷을 든든히 챙겨 입어야 한다.   위   윗   웃

2 학생으로서 vs 교칙으로써

영아: 은정아, 우리가 학생으로서 지켜야 할 것들에는 무엇이 있을까?
은정: 음~ 먼저 학교가 교칙으로써 금하는 것들은 하지 않아야겠지!

 '–로서'는 주로 사람의 **지위, 신분, 자격** 등을 말할 때 사용하고, '–로써'는 **일의 수단, 방법, 도구** 등을 말할 때 사용해요.

학생으로서

–(으)로서

지위나 신분 또는 자격을 나타낼 때 쓰는 말이다.

이것도!
'**건물로서**'와 같이 사물에도 붙일 수 있어.

• 부모의 뜻을 존중하는 것은 자식으로서 마땅히 해야 할 일이에요.

• 교칙은 학생으로서 반드시 지켜야 할 본분이자 약속이에요.

법으로써

–(으)로써

어떤 일의 수단이나 도구, 재료, 원료를 나타낼 때 쓰는 말이다.

이것도!
'–로써'보다는 '–로'의 형태로 사용하는 경우가 많아.

• 태초에 단군은 홍익인간이라는 이념으로써 나라를 다스렸어요.

• 체육 대회가 끝나고 영수는 잠을 잠으로써 피로를 풀었어요.

확인 콕콕!!

다음 문장의 빈칸에 알맞은 말을 골라 써 보세요.

1 사과는 식이섬유가 많은 과일_____ 아침에 먹으면 좋다. 로서 로써

2 이번 결과_____ 찬영이가 학년 말에 전교 1등이 되었다. 로서 로써

3 영철이는 학급 회장_____ 학급 회의를 진행했다. 으로서 으로써

4 지아는 항상 열정_____ 동아리 반장_____의 책임을 다한다.
으로서 | 으로써   으로서 | 으로써

형 덕분에 vs 너 때문에 vs 너 탓

준우: 형, 나는 형이 도와준 덕분에 농구 수행평가를 잘 본 것 같아.

준호: 나 때문에 잘 봤다니 다행이네. 나는 복통 탓에 시험을 못 봤는데······.

어떤 일이 발생한 원인을 나타내지만 상황에 따라 구별해서 써야 하는 말로, '덕분'은 베풀어 준 은혜나 도움을 뜻할 때, '탓'은 주로 부정적인 현상이 생겨난 까닭이나 원인을 나타낼 때, '때문'은 부정적인 상황에서 좀 더 많이 사용되지만 긍정적인 상황에서도 써요.

형 덕분에		
	덕분 베풀어 준 은혜나 도움이란 뜻이다. **이것도!** '덕, 덕택'과 비슷한 말	• 저는 친구 덕분에 학교생활을 무사히 마칠 수 있었어요. • 꾸준히 공부한 덕분에 성적이 올랐어.
내 탓이야.		
	탓 부정적인 현상이 생겨난 까닭이나 원인이란 뜻이다.	• 이번 사고는 모두 내 탓이에요. • 남 탓하지 말고 나를 돌아봐야 겠다.
너 때문에		
	때문 어떤 일의 원인이나 까닭이란 뜻이다. **이것도!** '땜'과 같은 말	• 여름 동안 햇빛 알레르기 때문에 고생을 많이 했어요. • 형의 조언 때문에 욕을 안 해요.

확인 콕콕!!

다음 문장의 빈칸에 알맞은 말을 골라 써 보세요.

1 요즘 미세 먼지 _____에 감기 환자가 많아졌다.   덕분   때문

2 갑자기 내린 폭설 _____에 도로 교통이 마비되었다.   덕분   탓

3 치킨 _____에 살도 찌지만, 치킨 _____에 행복해지기도 한다.
덕분ㅣ때문   덕분ㅣ탓

4 하면 되고 vs 하면 돼

찬수: 선일아, 수학은 공식을 잘 외우면 되고, 사회는 어휘력을 기르면 돼.
선일: 그럼 수학, 사회는 내가 열심히 하면 되고, 국어는 글을 이해하면 돼?

'되'와 '돼'는 학생들이 가장 혼동하는 단어 중 하나예요. '되-'는 '되다'의 앞부분으로 '되'가 단독으로 쓰이거나 문장의 맨 끝에 올 수 없어요. 반면, '돼'는 '되어'의 줄임말로 문장 중간에도 쓰일 수 있지만, 주로 문장 끝에 사용해요. 만약 '되-'와 '돼'가 혼동될 때는 '되어'를 넣어서 말이 되면 '돼'로 쓰고 그렇지 않으면 '되'로 쓰면 돼요.

하게 되었죠.

되-
상태 변화를 나타내는 '되다'의 어간을 가리키는 말이다.

* 어간: 동사, 형용사 등이 모양이 바뀌어 사용될 때 변하지 않는 부분

- 잭이 심은 콩이 무럭무럭 자라서 커다란 콩나무가 되었어요.
- 제가 계획한 대로 실현되면 좋겠어요.

하면 돼.

돼
'되다'의 어간 '되-'에 '-어'가 붙은 '되어'가 줄어든 말이다.

이것도!
'되어'의 줄임말

- 영수는 열심히 공부하더니 졸업 후 교수가 돼서 나타났어요.
- 에디슨은 수많은 발견과 발명을 통해 발명가가 됐어요.

확인 콕콕!!

다음 문장의 빈칸에 알맞은 말을 골라 써 보세요.

1 영철이는 시간이 다 _____ 서야 시험 답안지를 제출했다.   되   돼

2 승원이가 이번에 우리 반 반장이 _____.   됫다   됐다

3 공원에서 쓰레기를 버리면 안 _____니 가방에 넣어 가자.   되   돼

4 내 동생은 태권도 승급 심사에 통과_____ 파란 띠가 _____.   되어 ㅣ 돼어   됫다 ㅣ 됐다

5 빛을 띠다 vs 눈에 띄다

종수: 축제 때 노란빛을 띠는 솜사탕을 만들었더니 인기가 좋았어.
일현: 어쩐지, 노란 솜사탕을 들고 걸어 다니는 친구들이 눈에 많이 띄더라.

 '띠다'와 '띄다'는 발음이 비슷하지만 '띠다'는 주로 **색깔이나 기운** 등이 나타남을 표현할
때 사용하고, '띄다'는 '뜨이다'가 줄어든 말로 주로 '**눈에**'라는 말과 함께 사용해요.

푸른색을 띠네.

띠다
빛깔이나 색채, 감정이나
기운 등을 가진다는 뜻이다.

이것도!
'**나타내다**'와 비슷한 말

- 저 아이의 눈은 파란색을 띠네.
- 지우는 친구들과 이야기할 때
  항상 미소를 띠며 말해서 예뻐요.

눈에 띄네.

띄다
눈에 보인다는 뜻이다.

이것도!
'**뜨이다**'의 줄임말

- 빨간 모자가 유난히 눈에 띄네.
- 선생님께서 내 답안지에 오타가
  눈에 띄게 많다고 걱정하셨어.

확인 콕콕!!

다음 문장의 빈칸에 알맞은 말을 골라 써 보세요.

1 우리 반에는 얼굴에 홍조를 _____ 친구가 몇 명 있다.   띠는   띄는

2 광장에 사람들이 드문드문 눈에 _____ 시작했다.   띠기   띄기

3 심청이의 목소리를 들은 심봉사의 눈이 번쩍 _____.   띠었다   띄었다

4 붉은빛을 _____ 장미를 가슴에 안고 있는 소녀가 눈에 _____.
띠는 | 띄는   띠었다 | 띄었다

6 단것이 당기다 vs 피부가 땅기다

수미: 연주야, 나는 요즘 단것이 너무 당겨서 자꾸 초콜릿을 먹어.
연주: 너는 단것이 당겨서 고민이고, 나는 피부가 땅겨서 고민이네.

 '당기다'는 식욕이 일어나 입맛을 돋우는 것에 대해 말할 때 사용하고, '땅기다'는 피부나 근육의 힘줄이 몹시 팽팽해지거나 긴장되어 뭉치는 경우에 사용해요.

단것이 당기네.

당기다

입맛이 돋우어지다라는 뜻이다.

이것도!

'끌리다'와 비슷한 말

- 스트레스를 받았더니 사탕처럼 단것이 마구 당겨요.
- 가을과 겨울은 입맛이 당기는 계절인 것 같아.

피부가 땅기네.

땅기다

몹시 단단하고 팽팽하게 되다라는 뜻이다.

- 겨울철에는 건조해서 얼굴이 땅기니 물을 많이 마셔야 해.
- 오랜만에 운동을 했더니 근육이 땅겨서 걷기가 힘드네.

확인 콕콕!!

다음 문장의 빈칸에 알맞은 말을 골라 써 보세요.

1 엄마, 세수하고 로션을 안 발랐더니 얼굴이 _____. 당겨요 **땅겨요**

2 여름에는 새콤한 것을 먹으면 식욕이 좀 _____. **당긴다** 땅긴다

3 넘어져서 까진 무릎의 상처가 _____ 너무 아프다. 당겨서 **땅겨서**

4 산 정상까지 올라갔더니 장딴지가 _____ 쉬는데 김밥을 먹고 있는 사람들을 보니 구미가 _____ 군침을 흘렸다. 당겨 | 땅겨 당겨 | 땅겨

7 그러므로 vs 그럼으로

성수: 엄마, 저도 곧 중학생이 돼요. 그러므로 용돈이 올라야 되겠죠?
엄마: 당연히 올려 줘야지. 그럼으로 우리 아들 성적도 올라가겠지?

 '그러므로'는 앞 문장이 뒤 문장의 이유나 원인을 나타내는 경우에 사용하고, '그럼으로'는
앞 문장이 뒤 문장의 수단, 방법, 도구의 의미가 되는 상황에 사용해요.

그러므로 인정하지.

그러므로

'그렇기 때문에'라는 뜻이다.

이것도!
'그래서, 그러니까, 고로'와
비슷한 말

• 영식이는 예의 바르게 인사를 잘
해요. 그러므로 어른들께 인정받
아요.

• 그녀는 실력만큼이나 인품이 훌
륭한 학자예요. 그러므로 존경을
받지요.

그럼으로 환경을 보호하지.

그럼으로

'그렇게 하는 것으로써'라는
뜻이다.

이것도!
'그렇게 해서'로
바꿔 쓸 수 있어.

• 나는 일회용품을 사용하지 않아요.
그럼으로 환경 보호를 실천해요.

• 영호는 매일 책을 읽어. 그럼으로
지식도 쌓고 생각도 키우는 듯해.

확인 콕콕!!

다음 문장의 빈칸에 알맞은 말을 골라 써 보세요.

1 환경 오염이 심각하다. _____ 환경을 보호해야 한다.   그러므로 그럼으로

2 우리는 교칙을 잘 지킨다. _____ 좋은 학교 문화를 만들어 간다.   그러므로 그럼으로

3 수아는 동아리 활동을 열심히 한다. _____ 삶의 보람을 느낀다.   그러므로 그럼으로

4 영수는 매일 영어 단어를 20개씩 외운다. _____ 영어 실력을 키운다. _____ 영수
가 단어 시험을 잘 보는 것은 당연하다.   그러므로 | 그럼으로   그러므로 | 그럼으로

안 하다 vs 하지 않다

아빠: 아들, 게임만 하고 그렇게 공부를 안 하면 어떻게 하지?

아들: 아빠, 제가 게임만 하지는 않아요. 학교 다녀와서 공부도 했어요.

 '안'과 '않–'도 혼동해서 많이 틀리는 낱말이에요. '안'은 동사나 형용사 앞에서 '아니'와 바꿔 쓸 수 있는 경우에 사용하고, '않–'은 '않고, 않지, 않으며, 않아서'와 같이 부정의 뜻을 더하는 말로 사용해요.

게임 안 할래.

안

'아니'의 줄임말이다.

이것도!

'**안**'은 뒤의 글자와 띄어 써야 해.

• 엄마, 저는 오늘부터 잠자기 전에 게임을 안 할 거예요.

• 배탈이 크게 난 뒤로 영수는 아이스크림을 안 먹겠다고 다짐했어.

하지 않을래.

않–

'아니하다'의 줄임말이다.

이것도!

'**않–**'은 뒤의 글자와 붙여 써야 해.

• 형은 말만 번지르르하게 하지 실천은 하지 않는 사람이야.

• 어제 자려고 누웠는데 영어 숙제를 하지 않은 게 생각나서 일어나서 하고 잤어.

확인 콕콕!!

다음 문장의 빈칸에 알맞은 말을 골라 써 보세요.

1 찬미는 앞으로 절대 욕을 하지 _____기로 결심했다.   안   **않**

2 우리 집 강아지는 사료는 먹지 _____고 간식만 먹는다.   안   **않**

3 어제 삶아 놓은 계란이 상한 것 같아서 _____ 먹고 버렸다.   안   **않**

4 나는 밥만 _____ 먹었지 저녁을 굶지는 _____았다.   안 I 않   **안 I 않**

9 안 먹어 vs 못 먹어

소영: 영지야, 내가 떡볶이 만들었는데 안 먹을 거야?
영지: 미안해! 먹고는 싶은데 입병이 나서 매운 건 못 먹겠어.

 '안'은 **자신의 의지**로 행동함을 말할 때 사용하고, '못'은 **능력이나 여건**이 안 돼서 동작을
할 수 없거나 상태가 이루어지지 않음을 나타낼 때 사용해요.

안 먹어.

안
자신의 의지로 뒤에 오는
말을 부정하는 말이다.

이것도!
'아니'의 줄임말

• 오늘 TV에서 시상식을 하는데,
  나는 숙제 때문에 안 보기로 했어.

• 어젯밤에 야식을 너무 많이 먹어서
  오늘 아침밥은 안 먹을래.

못 먹어.

못
능력이 안 돼서 할 수 없는
것으로 뒤에 오는 말을 부
정하는 말이다.

• 이 문제는 너무 어려워서 못 풀어.

• 선생님께서 햄버거를 사 주셨는데
  나는 배탈이 나서 못 먹었어.

확인 콕콕!!

다음 문장의 빈칸에 알맞은 말을 골라 써 보세요.

1 오늘 급식에 나온 김치가 너무 매워서 나는 거의 _____ 먹었다.   안   **못**

2 나와 동생은 시험 기간에는 게임을 _____ 하기로 마음먹었다.   **안**   못

3 날씨가 너무 더워서 체육 시간에 야외 활동을 _____했다.   안   **못**

4 엄마, 저는 운동을 _____ 하는 게 아니라 다리가 아파서 _____하는 거랍니다.   안 | 못   안 | 못

10 그저 vs 거저

영진: 도우야, 왜 말없이 그저 하늘만 바라보고 있어?
도우: 시험 결과가 너무 안 좋아서 그래. 세상에 거저 얻어지는 건 없네.

 '그저'는 보통 아래 설명처럼 세 가지(①, ②, ③) 뜻으로 쓰이므로 상황에 맞게 적절히 골라 사용해야 해요. '거저'는 보통 무언가를 공짜로 얻으려고 하는 경우에 사용해요.

그저 웃었어.

그저

① 변함없이 이제까지.
② 다른 일은 하지 않고 그냥.
③ 별로 신기할 것 없이라는 뜻이다.

이것도!
'**그냥**'과 비슷한 말

- 영우는 피곤한지 하루 종일 그저 잠만 자고 있어요. ①

- 나를 좋아하냐고 물었더니 수아는 그저 웃기만 했지. ②

- 우리는 그저 그런 보통의 학생들이에요. ③

거저 얻었어.

거저

아무런 노력이나 대가 없이라는 뜻이다.

이것도!
'**공짜로**'와 비슷한 말

- 영수는 축제 때 친구들이 만든 물건을 돈도 안 내고 거저 가져갔어.

- 내가 쓰던 휴대폰을 거저 줄 테니 새 휴대폰을 구입하지 않아도 돼.

확인 콕콕!!

다음 문장의 빈칸에 알맞은 말을 골라 써 보세요.

1 일을 하지 않고 _____ 얻어먹는 밥은 별로 맛이 없다.   그저   **거저**

2 무거운 짐을 들고 가는 노인을 _____ 보고만 있을 수 없었다.   그저   **거저**

3 동생은 내가 묻는 말에 _____ "응, 응." 하고 성의 없이 대답했다.   그저   **거저**

4 무대 위에서 그녀는 '콩알 하나도 _____ 얻어지는 것은 없다'는 대사 하나만 하고 5분 동안 _____ 울기만 했다.   그저 | 거저   **그저 | 거저**

11 -던 vs -든

종수: 현일아, 1학년 때 학교 앞 문구점에서 먹던 떡볶이 맛 기억나?
현일: 기억나지. 같이 놀던 친구가 집에 가든 말든 먹던 거 말이지?

'-던'과 '-든'도 혼동하는 경우가 많은데 뜻이 다르므로 정확하게 구분해서 써야 해요.
'-던'은 과거 회상의 상황을 말할 때 사용하고, '-든'은 선택의 상황을 말할 때 사용해요.

행복했던

-던

이미 지난 일을 말할 때 쓰는 말이다.

이것도!

'먹던 밥, 듣던 노래, 하던 얘기, 놀던 때, 입던 옷' 등에 쓰여.

- 그 할머니는 치매에 걸리셨지만 가장 행복했던 시절은 기억하세요.
- 경주는 삼국 시대에 신라의 왕이 살던 곳이야.

좋든 싫든

-든

둘 이상의 선택을 나열할 때 쓰는 말이다.

이것도!

'먹든 말든, 보든 말든, 가든 말든, 주든 말든' 등에 쓰여.

- 엄마하고의 약속이니 나는 싫든 좋든 간에 학원에 가는 수밖에 없네.
- 비가 오든 안 오든 나는 공원에 놀러 갈 거예요.

확인 콕콕!!

다음 문장의 빈칸에 알맞은 말을 골라 써 보세요.

1 정이는 어렸을 때 _____ 계란빵 맛을 그리워한다.   먹던 먹든

2 작년에 왔을 때 _____ 계곡물이 오염되어 더러워졌다.   깨끗했던 깨끗했든

3 준호는 성실하고 부지런해서 무엇을 _____지 열심히 했다.   하던 하든

4 _____ 것을 멈추고 노래를 _____ 그림을 _____ 뭐라도 합시다.
   놀던 | 놀든   부르던 | 부르든   그리던 | 그리든

12 라면이 붇다 vs 얼굴이 붓다

엄마: 얘들아, 라면 다 끓였으니 붇기 전에 빨리 와서 먹어.
준석: 엄마, 소미는 얼굴 붓는다고 안 먹는대요. 저만 먹을게요.

 '붇다'는 부피나 수효가 커지고 많아짐에 대해 말할 때 사용하고, '붓다'는 신체가 부어오르는 것에 대해 말할 때 사용해요.

라면이 붇었네.

붇다

물에 젖어 부피가 커지다, 분량이나 수효가 많아지다 라는 뜻이다.

이것도!
'살이 찐다'는 의미도 있어.

• 미역 한 봉지를 물에 담갔더니 엄청나게 붇기 시작했어.

• 몸은 힘들어도 재산이 붇는 재미 에 힘이 나네.

얼굴이 부었네.

붓다

피부가 부풀어 오른다는 뜻 이다.

이것도!
'물, 가루 등을 다른 곳에 담는다'는 의미도 있어.

• 울다 잤더니 눈이 퉁퉁 붓고 말았 어.

• 벌에 쏘인 자리가 붓기 시작했어.

확인 콕콕!!

다음 문장의 빈칸에 알맞은 말을 골라 써 보세요.

1 할아버지는 간암에 걸리셔서 간이 _____ 황달이 왔다.　붇고　**붓고**

2 감기가 들어서 기침을 많이 했더니 편도가 _____ 아프다.　붇고　**붓고**

3 밤에 비가 많이 와서 개울물이 _____ 도로도 잠겼다.　붇고　**붓고**

4 물병에 담긴 과자도 퉁퉁 _____, 세숫대야에 담근 내 발도 퉁퉁 _____ 말았다.
　붇고ㅣ붓고　**붇고ㅣ붓고**

13 웬- vs 왠지

하정: 영기야, 너무 감동이야! 웬일로 이런 선물을 다 준비했어?
영기: 네가 노래를 많이 듣길래 왠지 이어폰이 많으면 좋을 것 같아서.

'웬'과 '왠'은 발음이 똑같아서 누구나 혼동하는 단어예요. '웬-'은 **어찌 된 일이나 의외의 뜻**을 나타낼 때 사용하며, '웬 말?'처럼 띄어 쓸 때도 있고, '웬일'처럼 붙여 쓸 때도 있어요. 반면, '왠'은 '왜 그런지 모르게'처럼 **이유를 모를 때 '왠지'로만** 사용할 수 있어요.

웬일?

웬-
예상한 것과 달리, 의외의 일로라는 뜻이다.

이것도!
'어찌 된'의 줄임말

- 한 명이 잘못했는데 반 전체가 벌을 선다니 웬 말이야?
- 수민아, 오늘 시험에서 만점을 받다니 웬일이니?

왠지

왠지
왜 그런지 모르게라는 뜻이다.

이것도!
'왜인지'의 줄임말

- 매일 보는데 내 짝꿍 현철이가 오늘따라 왠지 멋있어 보이네.
- 오늘은 왠지 기분이 좋아.

확인 콕콕!!

다음 문장의 빈칸에 알맞은 말을 골라 써 보세요.

1 정식이가 _____로 일찍 학원에 도착했는지 모르겠다. 웬일 왠일

2 _____ 교실에 지갑을 두고 온 것 같아. 웬지 왠지

3 _____ 일요일 이 시간만 되면 불안한 마음이 들어. 웬지 왠지

4 도로에 _____ 차가 이렇게 많아? 주말도 아닌데 정말 _____이지?
웬 | 왠   웬일 | 왠일

14 못을 박다 vs 머리로 받다

준서: 선일아, 나는 이제 눈을 감고도 벽에 못을 박을 수 있어.
선일: 정말? 그럼 나는 눈을 감고 머리로 벽을 받아 볼게.

'박다'는 못이나 나사 등을 두들겨서 어딘가에 **꽂히게 하다**라는 의미일 때 사용하고,
'받다'는 머리나 뿔 등으로 **세차게 부딪치다**라는 의미일 때 사용해요.

못을 박았어.

박다

사물을 때리거나 두들겨서 안으로 들어가게 하다라는 뜻이다.

이것도!
'꽂다'와 비슷한 말

• 아빠는 주먹으로 나무판자에 못을 박았어요.

• 할아버지는 시골집 마당에 말뚝을 박고 울타리를 만드셨어요.

머리로 받았어.

받다

머리나 뿔 따위로 세게 부딪치다라는 뜻이다.

이것도!
'들이받다'와 비슷한 말

• 레슬링 선수가 머리로 상대 선수를 세게 받았어요.

• 소가 사료를 주는 아저씨의 옆구리를 받아 크게 다치셨대요.

확인 콕콕!!

다음 문장의 빈칸에 알맞은 말을 골라 써 보세요.

1 현중이는 삐걱거리는 의자에 나사를 _____ 고정시켰다. 박아 받아

2 영재는 판자에 못을 _____ 철사를 매어 개집을 만들었다. 박고 받고

3 과속으로 달리던 자동차가 다리 난간을 _____ 부서졌다. 박고 받고

4 손으로 나무못을 벽에 _____ 잘 안 들어가자 철호는 냅다 자신의 머리로 벽을 _____ 버렸다. 박는데ㅣ받는데 박아ㅣ받아

15 난이도 vs 난도

 '난이도'와 '난도'는 비슷한 말 같지만 구분해서 써야 하는 단어예요. '난이도'는 어떤 문제가 어렵고 쉬운 정도를 의미할 때 사용하고, '난도'는 어려운 정도를 의미할 때 사용해요.

난이도가 쉽네.

난이도
어려움과 쉬움의 정도라는 뜻이다.

이것도!
'**고난이도**'는 어색한 표현이야.

• 저는 난이도에 따라 단계적으로 아이들을 지도할 거예요.

• 이번 게임의 난이도는 8단계까지 있어요.

고난도 동작이네.

난도
어려움의 정도라는 뜻이다.

이것도!
'**난도**'는 높다, 낮다로 표현해.

• 이번 수학 시험은 난도가 높다.

• 혜영이는 체조 경기에서 고난도 동작을 선보여 금메달을 땄다.

확인 콕콕!!

다음 문장의 빈칸에 알맞은 말을 골라 써 보세요.

1 학생들이 너무 어려워서 평가 _____를 조절했다.   난이도   난도

2 경아는 문제집을 사서 _____가 낮은 문제부터 풀었다.   난이도   난도

3 역대 최저 _____와 최고 _____를 비교해 보니 차이가 심하다.   난이도   난도

4 이번 피겨스케이팅 세계 선수권 대회에서는 _____가 다른 기술이 많이 보였는데, 김연아 선수는 _____기술을 선보여 박수를 받았다.   난이도 | 난도   고난이도 | 고난도

16 뚝배기 vs 곱빼기

아빠: 이 식당은 짬뽕을 큰 뚝배기에 담아서 주는 게 특이하네.
창호: 아, 곱빼기를 시켜서 뚝배기에 담아 준 게 아닐까요?

 '–배기'와 '–빼기'는 단어 뒤에 붙어서 어떤 특징을 나타내는 말이에요. 둘을 쉽게 구분하는 방법은 [배기]로 발음되면 배기를 사용하고(단, 'ㄱ, ㅂ' 받침 뒤에서 [빼기]로 발음되는 것도 배기로 적는다), [빼기]로 발음되면 빼기를 사용하면 돼요.

뚝배기

–배기
명사 뒤에 붙어서 그 나이를 먹은 아이 또는 그런 물건의 뜻을 더하는 말이다.

• 이번 추석에는 고모가 낳은 한 살배기 아기가 사랑을 독차지했다.
• 나는 언덕배기에 올라 큰 소리로 '야호' 하고 외쳤다.

얼룩빼기

–빼기
어떤 특성이 있는 사람이나 물건이란 뜻이다.

• 우리 아빠는 할머니께서 담그신 고들빼기 김치를 가장 좋아하셔.
• 우리 집 고양이는 얼룩빼기야.

확인 콕콕!!

다음 문장의 빈칸에 알맞은 말을 골라 써 보세요.

1 외갓집에 가면 작고 귀여운 얼룩_____ 송아지가 있다. 배기 **빼기**

2 고려 시대에 만들어진 이 청자는 진짜_____라고 한다. 배기 **빼기**

3 동네에서 늘 나를 따라다니던 개가 오늘은 코_____도 보이지 않는다. 배기 **빼기**

4 영철이는 공짜_____라며 자장면 곱_____를 다섯 그릇이나 먹었다.
배기 | 빼기 **배기 | 빼기**

17 날이 새다 vs 밤을 새우다

수지: 아름아, 너 얼굴이 왜 그래? 꼭 밤을 새워 공부한 얼굴이다!

아름: 공부한 건 아니고, 휴대폰 보다가 날 새는 줄도 몰랐지 뭐야.

 '새다'와 '새우다'는 의미가 비슷하므로 주의해서 써야 해요. '새다'는 날이 밝아 어두운 기운이 사라지고 환해짐을 말할 때 사용하고, '새우다'는 잠을 안 자고 밤을 지내는 경우에 사용하죠. 따라서 '새우다' 앞에는 무엇을 새우는지에 해당하는 '밤'이란 말을 반드시 써야 해요.

날이 샜네.

새다
날이 밝아오다라는 뜻이다.

이것도!
'밝다, 동트다'와 비슷한 말

• 눈을 뜨니 날이 새는지 창문이 뿌옇게 밝아 오고 있었어요.

• 오랜만에 집에 온 사촌 형과 밤새도록 이야기를 나눴어요.

밤을 새웠네.

새우다
잠을 자지 않고 밤을 보내다라는 뜻이다.

이것도!
'새웠다'는 새우었다의 줄임말

• 어제 엄마께 꾸중을 들은 뒤 나를 돌아보느라 뜬눈으로 밤을 새웠지.

• 내일부터 시험이니 오늘은 밤을 새워 공부해야겠어.

확인 콕콕!!

다음 문장의 빈칸에 알맞은 말을 골라 써 보세요.

1 내일 소풍을 간다는 생각에 들떠 까맣게 밤을 _____ . 샜다 새웠다

2 게임을 하느라 며칠 밤을 _____ 보니 건강이 상했다. 새다 새우다

3 한숨도 자지 않고 밤을 _____ 나니 하얗게 날이 _____ 있었다.
새고 | 새우고   새고 | 새우고

18 줄을 잇다 vs 복이 있다

소정: 종각 앞에 재야의 종소리를 듣기 위한 사람들이 줄을 잇고 있어.

순정: 종각에서 재야의 종소리를 듣는 이에게 복이 있다고 믿기 때문이래.

 '잇다'와 '있다'는 발음이 같아 간혹 맞춤법에 틀리게 쓰는 경우가 있는데, 받침을 정확히 구분해서 써야 해요. '잇다'는 **줄지어 있는 모양**이나 **떨어진 둘을 이어 붙일 때** 사용하고, '있다'는 **존재하거나 머물다**라는 뜻을 나타낼 때 사용해요.

줄을 잇고

잇다

① 많은 사람이나 물체가 줄을 이루어 서다, ② 두 끝을 맞대어 붙이다라는 뜻이다.

이것도!

②는 '떼다'의 반대말

- 이 집은 맛집이라 사람들이 항상 줄을 잇는대. ①
- 어머니께서 컵의 떨어진 손잡이를 잇기 위해 본드를 사 오라고 하셨어. ②

신은 있어.

있다

① 사물이나 어떤 사실, 현상이 실제로 존재하는 상태, ② 떠나지 않고 머물다라는 뜻이다.

이것도!

①은 '없다'의 반대말

- 친구들은 신이 없다고들 말하지만 나는 신이 있다고 믿어요. ①
- 내가 갈 테니 거기에 있어라. ②

확인 콕콕!!

다음 문장의 빈칸에 알맞은 말을 골라 써 보세요.

1 딴 데 한눈팔지 말고 학원에 그대로 _____. 잇어라 있어라

2 동생은 끊어진 두 끈을 _____ 위해 애썼다. 잇기 있기

3 상담실 앞에는 상담을 희망하는 학생들이 줄을 _____, 상담실 안에는 상담받는 학생이 앉아 _____. 잇고 | 있고 잇다 | 있다

19 채 vs 체

순재: 어제 그리기 대회에서 이름을 쓰지 않은 채 그림을 제출한 것 같아.

영웅: 친구들도 못 본 체하고 열심히 하더니 이름을 안 쓰고 제출한 거야?

 '채'와 '체'는 발음은 비슷하지만 뜻이 전혀 달라 문장 속 의미에 따라 구분해서 쓰면 돼요. '채'는 있는 그대로를 말할 때 사용하고, '체'는 시늉이나 척하는 경우를 말할 때 사용해요. 둘 다 앞말과 띄어 써요.

떨군 채

채

이미 있는 상태 그대로, 무언가를 아직 끝내지 못한 상태라는 뜻이다.

• 꿈에 괴물이 나타났는데 사람들을 산 채로 잡아먹어서 너무 무서웠어.

• 그는 고개를 떨군 채 눈물만 뚝뚝 떨어뜨리고 있었어.

잘난 체

체

그럴 듯하게 꾸미는 거짓 태도나 모양이라는 뜻이다.

이것도!

'척, 시늉'과 비슷한 말

• 내 친구는 새로운 물건만 사면 자랑하면서 잘난 체를 해.

• 철수는 학교에서 쌍둥이 동생을 만나면 못 본 체하며 피해 다녀.

확인 콕콕!!

다음 문장의 빈칸에 알맞은 말을 골라 써 보세요.

1 우리 고양이는 개를 만나면 못 본 _____하며 숨는다.   채   **체**

2 시험공부를 하다가 책을 펼쳐 둔 _____ 그만 잠이 들었다.   **채**   체

3 수영장에서 아이가 옷을 입은 _____ 물에 들어갔다. 나는 뭐라고 하려다가 그냥 모른 _____하고 다른 라인에서 수영을 했다.   채 | 체   **채 | 체**

78 중학생을 위한 국어 맞춤법

20 -대 vs -데

노마: 영주야, 이번 시험에서 네가 전 과목 1등을 했대.
영주: 그래? 나는 순철이가 시험을 제일 잘 본 걸로 알았는데.

 '-대'와 '-데' 역시 발음이 비슷해서 정확히 구분해서 쓰기 쉽지 않은 단어예요. '-대'는 남이 말한 내용을 전달할 때 사용하고, '-데'는 말하는 이가 과거의 경험한 일을 현재 말할 때 사용해요.

나보고 예쁘대.

-대
남이 말한 내용을 간접적으로 전달할 때 쓰는 말이다.

이것도!
'-다고 해'의 줄임말

- 사람들이 나보고 참 예쁘대.
- 미정이는 추리 소설만 읽는대.
- 영수는 중학교 때 회장이었대.

잘 먹데.

-데
자신이 경험한 내용을 돌이켜 말할 때 쓰는 말이다.

이것도!
'-더라'와 비슷한 말

- 그 아이 밥 참 잘 먹데.
- 어제 혜정이를 만났는데 참 예쁘데.
- 수정이는 어린데도 말을 잘하데.

확인 콕콕!!

다음 문장의 빈칸에 알맞은 말을 골라 써 보세요.

1 운동회 때 보니 우리 반 엄마들이 다 _____. 왔던대 왔던데

2 고모의 둘째 아들이 내일 호주로 유학을 _____. 간대 간데

3 내가 볼 때는 우리 반에서 민재의 키가 제일 _____, 민재 말로는 창수가 제일
_____. 크던대 | 크던데 크대 | 크데

도전! 맞춤법 퀴즈1

※ 다음 문장이 자연스럽게 완성되도록 괄호 안에서 알맞은 단어를 찾아 ○표 하세요.

1 "내일은 비가 올 예정입니다. (**그러므로** / **그럼으로**) 대비하세요."라는 일기 예보를 듣고 나는 우산을 준비했다. (**그러므로** / **그럼으로**) 비를 맞지 않았다.

2 나는 실과 시간에 못을 (**박다가** / **받다가**) 망치로 손을 쳤다. 얼마나 아프던지 손을 잡고 팔짝팔짝 뛰다가 머리로 기둥을 (**박았다** / **받았다**).

3 영어 시험은 (**난이도** / **난도**)에 따라 점수가 달리 배정되었는데, (**난이도** / **난도**)가 높은 문제가 5문항이나 되었다.

4 (**위** / **윗**)층에 올라가다 부딪혀 동생과 옥신각신하고 있는데 아빠께서는 (**웃** / **윗**)사람이 좀 더 참아야 한다며 동생 편만 들어 주셔서 속상했다.

5 짜장면 곱(**배기** / **빼기**)를 먹었더니 너무 배가 불러서 나는 마루에 대짜(**배기** / **빼기**)로 누워 낮잠을 잤다.

6 오늘은 (**웬지** / **왠지**) 학원에 가고 싶지 않아 그냥 집에 왔다. 한 번도 그런 적 없던 나를 보고 엄마는 (**웬일** / **왠일**)이냐며 깜짝 놀라셨다.

7 내가 좋아하는 소설책을 읽느라 밤을 (**새며** / **새우며**) 날이 (**새는** / **새우는**) 줄도 몰랐다.

8 놀이기구를 타러 갔는데 사람들이 엄청나게 줄을 (**잇고** / **있고**) 있어, 주위를 둘러보다 옆에 햄버거 가게가 (**잇길래** / **있길래**) 햄버거를 먼저 먹었다.

9 옛날에 (**먹던** / **먹든**) 과자를 보니 그 맛이 기억나서 옆에 친구가 (**있든 없든** / **있던 없던**) 상관하지 않고 허겁지겁 먹었다.

10 형이 밤에 라면을 끓였는데 밤에 먹고 자면 얼굴이 (**붇는다며** / **붓는다며**) 안 먹겠다는 누나에게 라면이 (**붇는다며** / **붓는다며**) 빨리 나오라고 소리를 질렀다.

11 세수를 하지 **(안아 / 않아)** 피부가 칙칙하다. 그런데 계속 세수를 **(안 / 않)** 하면 피부가 더 많이 상할 것이다.

12 편의점에 갔는데 노란색을 **(띠는 / 띄는)** 과자가 눈에 **(띠어 / 띄어)** 어떤 맛일지 궁금해서 하나 샀다.

13 어제 못한 과학 숙제는 내일 하면 **(되고 / 돼고)**, 오늘은 밀린 영어 단어 외우기를 하면 **(되 / 돼)**.

14 엄마가 밥을 먹이는데 아기는 입을 오므린 **(채 / 체)** 먹는 **(채 / 체)**만 했다.

15 우리 사촌 형은 밥 대신 과자만 **(먹는대 / 먹는데)**. 그런데 이번에 우리 집에 왔을 때 보니 밥도 잘 **(먹던대 / 먹던데)**.

16 높은 산에 올랐더니 기압이 낮아져 피부가 엄청 **(당기고 / 땅기고)** 힘들어서인지 그 와중에 초콜릿이 **(당겨 / 땅겨)** 참느라 애먹었다.

17 백화점에서 "할인하는 이 가방은 **(그저 / 거저)** 가져가는 거"라는 판매원의 말을 들으며 엄마는 **(그저 / 거저)** 가방을 바라만 보고 계셨다.

18 사람들은 내가 이 때문에 고기를 **(못 / 안)** 먹는 줄 아는데, 사실 나는 채식주의자라 고기를 **(못 / 안)** 먹는 것이다.

19 철승이는 전교 회장**(으로서 / 으로써)** 친구 사이의 왕따 문제를 해결하기 위한 가치**(로서 / 로써)** 도덕성과 존중을 강조하였다.

20 어제 본 인강 **(덕분에 / 때문에)** 영어 시험은 잘 봤는데, 수학 **(덕분에 / 때문에)** 평균 성적이 1학기 때보다 떨어졌다.

도전! 맞춤법 퀴즈2

※ [A–B] 다음 글에서 맞춤법이 틀린 부분을 <u>5곳</u> 찾아 표시하고 바르게 고쳐 쓰세요.

A

담임 선생님께서 학급 반장으로써 해야 할 역할을 알려 주셨는데도 수아는 반장 역할을 잘 하지 않았다. 왜냐하면 학급 친구들이 수아를 도와주지 않았기 때문이다. 아이들은 수아 말을 무시하고 제멋대로 행동했다. 그럼으로 수아는 더 이상 반장 역할을 할 수 없다고 판단했다. 결국 반장 역할에 대해 밤을 새며 고민하던 수아는 책상에 앉은 체 잠이 들었다.

틀린 단어		바르게 고치기
1		
2		
3	⇨	
4		
5		

B

우리 집 윗층에는 눈에 띠게 예쁜 아이가 살고 있다. 어느 날 엘리베이터를 탔는데 그 아이가 엄마에게 떼를 쓰다가 자신의 머리로 거울을 박는 것을 보고 깜짝 놀랐다. 아이 엄마는 아이에게 "그러면 안 되."라는 말을 반복했다. 그러나 멈추지 않고 계속해서 떼쓰는 아이를 거저 바라만 볼 뿐 말리지 못하는 것을 보며 나는 문득, '어린 시절에 나도 저랬을까?' 하는 생각에 잠겼다.

틀린 단어		바르게 고치기
1		
2		
3	⇨	
4		
5		

중학교
국어 교과서에
많이 나와요!

1 홀몸 vs 홑몸

승철: 옆집 아저씨는 홀몸이라 명절을 쓸쓸하게 보냈다고 말씀하셨어.
명혜: 엄마는 동생을 임신하셨을 때 홑몸이 아니어서 힘드셨대.

'홀몸'은 아내나 남편, 형제 등을 잃고 혼자가 된 사람을 말할 때 사용하고, '홑몸'은 혈혈
단신으로 딸린 사람이 아무도 없어 의지할 곳 없이 외롭거나 임신을 하지 않은 몸을 말
할 때 사용해요.

> 홀몸이 되었어.

홀몸
배우자나 형제가 없는 사람을 가리키는 말이다.

> **이것도!**
> '**단신**'과 비슷한 말.
> 그래서 혼자인 사람을
> 가리킬 때는 '홀몸'과 '홑몸'
> 둘 다 쓸 수 있어.

• 우리 할머니는 30세 때 교통사고로 할아버지를 잃고 홀몸이 되셨대.

• 나는 어릴 때, 부모 형제를 모두 잃고 홀몸이 되었어.

> 홑몸이 아니야.

홑몸
딸린 사람이 없는 혼자의 몸이나 아이를 배지 아니한 몸이라는 뜻이다.

> **이것도!**
> '**홀몸**'과 비슷하지만
> 임신하지 않은 몸을
> 나타낼 때 주로 쓰여.

• 그 남자는 아무도 없는 홑몸이라 여행을 자유롭게 다닌다.

• 작은엄마는 홑몸이 아니셔서 걸어 다니기 힘들어하신다.

확인 콕콕!!

다음 문장의 빈칸에 알맞은 말을 골라 써 보세요.

1 우리 막내 이모는 아기를 가지셔서 _____이 아니다.　　홀몸　　홑몸

2 나는 형제가 없는 _____이라 때때로 외로움을 느낀다.　　홀몸　　홑몸

3 아버지가 돌아가신 뒤 어머니는 _____으로 자식들을 힘들게 키우셨고, 삼촌도 화재 사고로 가족을 잃고 _____이 되었다.　　홀몸 | 홑몸　　홀몸 | 홑몸

2 전통 vs 정통

영식: 가정 모둠 과제로 우리 전통 의상인 한복에 대해 조사해 보자.

소정: 좋아. 생활 한복도 있으니 먼저 우리의 정통 한복에 대해 알아보자.

 '전통'은 옛날부터 전해 내려오는 방식이나 양식을 말할 때 사용하고, '정통'은 여러 계통 가운데 가장 바른 계통을 말할 때 사용해요.

한국 전통 악기

전통

계통을 이루며 전하여 내려오는 사상·관습·행동 따위의 양식이라는 뜻이다.

이것도!
'관습'과 비슷한 말

• 우리 학교는 학생들이 텃밭에 물 주는 일을 전통으로 지켜 나가고 있다.

• 줄다리기는 전통 놀이로 이어져 대부분의 학교에서 체육 대회 때 단체 경기로 하고 있다.

태국 정통 요리

정통

가장 바르게 내려오는 근본적인 계통이라는 뜻이다.

• 태국 여행을 가서 태국 정통 요리를 맛보고 왔다.

• 현대 자동차는 이번에 정통 세단을 출시했다.

확인 콕콕!!

다음 문장의 빈칸에 알맞은 말을 골라 써 보세요.

1 명절에 먹는 한과는 우리나라 _____ 간식이다.　　전통　　**정통**

2 이곳은 2대째 이어 오고 있는 _____ 콩나물 국밥집이다.　　전통　　**정통**

3 우리 동네 시장은 100년 _____을 자랑하는 재래시장이다.　　전통　　**정통**

4 외국인들이 한국 _____ 음식을 먹으며 한국의 _____ 문화에 대한 강연을 듣고 있다.　　전통 | 정통　　**전통 | 정통**

3 결제 vs 결재

영우: 엄마, 저 인터넷 쇼핑몰에 운동화 골라 놨어요. 결제 좀 해 주세요.
엄마: 그래, 알았어. 엄마 회사 서류 결재 끝내고 바로 해 줄게.

 '결제'는 금전적 거래에서 주로 사용하는 경제적인 용어로 거래를 완성하는 상황에서 사용하는 말이고, '결재'는 '승인, 허락'을 해 달라고 요청할 때, 서류에 사인이나 도장을 받을 때 사용하는 말이에요.

카드 결제

결제
증권 또는 대금을 주고받아 매매 당사자 사이의 거래 관계를 끝맺는 일을 가리키는 말이다.

• 게임을 했는데 휴대폰 요금에 비용이 결제되어 깜짝 놀랐어요.
• 엄마는 물건을 사고 현금 대신 카드로 결제하셨어요.

결재 서류

결재
결정할 권한이 있는 상관이 부하가 제출한 안건을 검토하여 허가하거나 승인한다는 말이다.

• 사장님이 계획서를 결재했어요.
• 아빠는 요즘 회사에서 결재할 서류가 너무 많아 피곤하시대요.

확인 콕콕!!

다음 문장의 빈칸에 알맞은 말을 골라 써 보세요.

1 현우는 학용품을 사고 엄마 카드로 _____했다.   결제   결재

2 영수는 용돈 사용 계획서를 작성해 아빠께 _____를 받았다.   결제   결재

3 서류는 _____를 받고, 돈을 지불할 때는 _____를 한다.
결제 | 결재   결제 | 결재

4 얼떨결 vs 엉겁결

진수: 누가 부르길래 얼떨결에 대답을 했는데 나를 부른 게 아니더라고.

선정: 나는 강당에서 친구를 찾다 엉겁결에 웬 남학생 손을 잡은 적도 있어.

 '얼떨결'과 '엉겁결'은 의미 경계가 모호해서 어른들도 많이 혼동하는 단어예요. '얼떨결'
은 자신도 모르는 사이에 어떤 반응을 할 때 사용하고, '엉겁결'은 '～한 순간'을 의미하
며 매우 짧은 순간에 어떤 일이 일어났을 때 사용해요.

얼떨결에 대답했어.

얼떨결

뜻밖의 일을 갑자기 당하거
나, 여러 가지 일이 너무 복
잡하여 정신을 가다듬지 못
하는 상황이란 뜻이다.

이것도!

'얼결'과 같은 말

• 고양이와 야옹 놀이를 하고 있는
데 엄마가 나를 불렀고, 나는 얼떨
결에 '야옹'이라고 답했어요.

• 경찰이 묻자 그는 얼떨결에 자백
을 하고 말았어요.

엉겁결에 밟았어.

엉겁결

미처 생각하지 못하거나 뜻하
지 아니한 순간이란 뜻이다.

• 나는 엉겁결에 친구의 발을 밟고
말았어요.

• 사람들은 엉겁결에 실수를 저지
르는 것 같아요.

확인 콕콕!!

다음 문장의 빈칸에 알맞은 말을 골라 써 보세요.

1 수아가 손을 내밀자 철수는 _____에 수아 손을 잡았다. 　얼떨결　　엉겁결

2 _____에 들고 있던 휴대폰을 놓쳤다. 　얼떨결　　엉겁결

3 영지는 얘기하다가 _____에 친구의 비밀 얘기를 했다. 그리고는 당황한 나머지
_____에 앉아 있던 의자와 함께 뒤로 넘어졌다. 　얼떨결 l 엉겁결　　얼떨결 l 엉겁결

5 접시에 담다 vs 장을 담그다

종혁: 엄마, 제가 과자를 사 왔는데 예쁜 접시에 담아 주시면 좋겠어요.
엄마: 엄마는 지금 간장을 담그는 중이니 예쁜 접시 꺼내서 네가 담아.

 '담다'는 그릇 등에 넣거나 반영한다는 의미를 나타낼 때 사용하고, '담그다'는 음식을 만드는 조리법을 가리키는 말로 김치·술·장·젓갈 등을 담근다고 할 때 주로 사용해요.

그릇에 담아.

담다

① 어떤 물건을 그릇 따위에 넣다, ② 어떤 내용이나 사상을 그림, 글, 말, 표정 속에 반영한다는 뜻이다.

- 유리컵에 주스를 담아 놓았어요. ①
- 바구니에 빨래를 담아 두었어요. ①
- 할머니께 마음을 담은 편지를 썼어요. ②

김치를 담가.

담그다

김치·술·장·젓갈 따위를 버무리거나 물을 부어서, 익거나 삭도록 그릇에 넣어 둔다는 뜻이다.

- 할머니는 힘드신데도 꼭 김장을 직접 담그세요.
- 엄마가 담그신 오이 장아찌가 새콤하고 아삭해요.

확인 콕콕!!

다음 문장의 빈칸에 알맞은 말을 골라 써 보세요.

1 오늘은 내가 좋아하는 간장 게장을 집에서 _____ 날이다. 담는 담그는

2 시골에 사시는 큰엄마는 매년 고추장을 _____. 담으세요 담그세요

3 뒷산의 아름다운 풍경을 스케치북에 _____. 담다 담그다

4 엄마는 봄에 _____ 매실액을 가을이 되자 유리병에 옮겨 _____.
담은 | 담근   담으셨다 | 담그셨다

엄마: 윤주야, 우는 아기를 어르고 달래야지 야단치면 어떻게 하니?
윤주: 아무리 어르고 달래도 울음을 안 멈춰서 한 번 으르게 됐어요.

'어르다'는 상대를 그럴듯한 말로 만족시켜서 꾄다는 의미로 사용하고, '으르다'는 상대를
말이나 행동으로 위협해 두려움을 느끼게 한다는 의미로 사용해요.

아이를 어르고 달랬어.

어르다

몸을 움직여 주거나 무엇을
보여 주고 들려주면서 어린
아이를 달래거나 기쁘게 해
준다는 뜻이다.

• 엄마가 우는 동생을 <u>어르고</u> 계셔.

• 나는 하기 싫다는 친구를 <u>어르고</u>
달래 모둠 활동에 참여시켰어.

아이를 으르기도 해 봤어.

으르다

상대편이 겁을 먹도록 무서
운 말이나 행동으로 위협한
다는 뜻이다.

이것도!
'**위협하다**'와 비슷한 말

• 강도가 칼을 들고 <u>으르자</u> 집주인
은 기절하고 말았어.

• 고집부리는 아이를 어르기도 하고
<u>으르기도</u> 해 봤는데 소용이 없네.

확인 콕콕!!

다음 문장의 빈칸에 알맞은 말을 골라 써 보세요.

1 영수는 잘 _____ 만 하면 뭐든지 다 들어준다.　　어르기　　으르기

2 할머니가 손자를 안고 _____ 함박웃음을 지으셨다.　　어르며　　으르며

3 승우는 자신보다 약한 친구를 _____ 선생님께 꾸중을 들었다.　　어르다　　으르다

4 주먹으로 식탁을 치며 동생을 _____ 나를 아빠께서 부드러운 표정으로 _____
감정을 가라앉게 하셨다.　　어르는 | 으르는　　어르시며 | 으르시며

7 꽃이 피다 vs 꽃을 피우다

진영: 아빠, 우리 아파트 주변에 벚꽃이 활짝 핀 거 보셨어요?

아빠: 아빠는 새벽에 나가서 밤에 들어와서 봄기운이 벚꽃을 피운 것도 몰랐네.

 '피다'는 저절로 꽃봉오리가 벌어지거나, 불이 붙거나, 혈색이 좋아진 경우에 사용하고, '피우다'는 사람의 힘이나 어떤 요인이 꽃봉오리를 벌어지게 하거나, 불을 피우거나, 연기가 생기는 경우에 사용해요.

꽃이 피고

피다

① 꽃봉오리 따위가 벌어지다, ② 연탄이나 숯 따위에 불이 일어나 스스로 타다, ③ 사람이 살이 오르고 혈색이 좋아지다라는 뜻이다.

- 봄이 되어 개나리가 피었어요. ①
- 날이 습해서 숯불이 잘 <u>피지</u> 않아요. ②
- 요즘 잘 먹었더니 살이 찌고 얼굴이 활짝 <u>피었어요</u>. ③

불을 피우고

피우다

① 꽃봉오리 따위를 벌어지게 하다, ② 연탄이나 숯 따위에 불을 일으켜 스스로 타게 하다, ③ 연기 따위를 생기게 하다라는 뜻이다.

- 온도, 바람, 햇빛을 잘 조절해서 꽃을 예쁘게 <u>피웠어요</u>. ①
- 화덕 앞에서 후후 불며 불을 <u>피우니</u> 불이 잘 폈어요. ②
- 나는 숯불을 <u>피우고</u> 고기를 구워요. ③

확인 콕콕!!

다음 문장의 빈칸에 알맞은 말을 골라 써 보세요.

1 실내에서 연기 _____ 말고 밖에서 조리해야 한다. 피지 **피우지**

2 언덕에 예쁘게 _____ 장미꽃이 울타리 역할을 한다. 핀 **피운**

3 그는 화초의 꽃을 잘 _____ 방법을 알고 있기에 꽃이 활짝 _____ 화초를 보면 기뻐한다. 피는 | 피우는   핀 | 피운

8 피로가 쌓이다 vs 베일에 싸이다

진희: 나는 잠을 못 자고 피로가 쌓이면 공부에 집중이 안 돼.

수정: 피로도 베일에 싸인 것처럼 몸 안에 숨어 있다가 집중력을 방해하지.

 '쌓이다'는 물건이나 경험 등이 겹겹이 포개지거나 축적되는 경우에 사용하고, '싸이다'는 물건이 보이지 않게 가려질 때 사용해요.

피로가 쌓였어.

쌓이다

여러 개의 물건이 겹겹이 포개어 얹어 놓이다라는 뜻이다.

이것도!

'누적되다'와 비슷한 말

• 책상에 쌓인 먼지 좀 닦아라.

• 벽돌이 차곡차곡 쌓이니 멋진 담이 완성되었어요.

베일에 싸였어.

싸이다

① 물건이 보이지 않게 씌워져 가려지거나 둘려 말리다, ② 어떤 분위기나 상황에 뒤덮이다라는 뜻이다.

• 영수는 분홍색 종이에 싸인 무언가를 내게 내밀었어요. ①

• 근심에 싸인 그의 얼굴이 한없이 어두웠어요. ②

확인 콕콕!!

다음 문장의 빈칸에 알맞은 말을 골라 써 보세요.

1 우리나라는 삼면이 바다로 둘러_____ 나라이다.   쌓인   싸인

2 나와 친구 사이에는 나날이 깊은 우정이 _____ 갔다.   쌓여   싸여

3 수학은 기초를 잘 _____ 응용 문제를 잘 풀 수 있다.   쌓아야   싸아야

4 삼촌이 들고 온 신문지에 _____ 것에 대한 궁금증이 _____ 철이는 저녁 내내 그것에서 눈을 떼지 못했다.   쌓여 있는 | 싸여 있는   쌓인 | 싸인

9 거짓말에 속다 vs 가지를 솎다

우영: 선생님께서 부르신다는 친구의 거짓말에 속아 교무실에 갔다 왔어.

영철: 나는 학교 텃밭에 가서 우리 반이 가꾸는 상추를 솎아 주고 왔어.

 '속다'는 거짓말이나 꾀에 속는다는 의미를 말할 때, '솎다'는 채소나 과일 등의 농작물을 재배할 때 촘촘히 난 잎이나 열매 등을 뽑아서 성기게 한다는 뜻을 나타낼 때 사용해요.

거짓말에 속았어.

속다

남의 거짓이나 꾀에 넘어가다라는 말이다.

이것도!
'당하다'와 비슷한 말

- 토끼의 꾀에 속은 거북이는 눈물을 흘리며 토끼를 원망했어.
- 친구의 장난에 속은 동생은 억울해서 펑펑 울었어.

가지를 솎았어.

솎다

촘촘히 있는 것을 군데군데 골라 뽑아 성기게 한다라는 말이다.

이것도!
'솎음하다'와 비슷한 말

- 촘촘히 자란 상추는 솎아 주어야 더 잘 자라요.
- 사과 열매를 솎아 주면 더 큰 사과를 딸 수 있어요.

확인 콕콕!!

다음 문장의 빈칸에 알맞은 말을 골라 써 보세요.

1 우리는 모두 마술사에게 감쪽같이 _____.   속았다   솎았다

2 텃밭에 심은 당근이 다닥다닥 붙어서 자라 _____ 주었다.   속아   솎아

3 밭에서 _____ 고추를 광주리에 이고 집으로 돌아왔다.   속은   솎은

4 잡초를 매고 _____ 배추를 잘 자라게 했다는 농부의 말에 _____ 배추를 구입했는데 거짓이었다.   속아ㅣ솎아   솎아ㅣ속아

10 승부를 가름하다 vs 인사를 갈음하다

경진: 2반과 4반의 결승전 경기로 이번 체육 대회 최종 우승 반을 가름한대.

도영: 그런데 만약 체육 대회 날 비가 오면 강당에서 승부차기로 결승전을 갈음한다던데.

 '가름하다'는 구별하거나 구분하여 나누거나 정한다는 뜻을 나타낼 때 쓰이고, '갈음하다'는 다른 것으로 대신한다라고 말하는 경우에 사용해요.

승부를 가름하자.

가름하다

① 쪼개거나 나누어 따로따로 되게 하다, ② 승부나 등수 따위를 정하다라는 뜻이다.

- 그녀는 겉모습만 봐서는 성별을 가름할 수 없어요. ①
- 이번 축구 경기는 봄 시즌 우승자를 가름할 경기라고 하네요. ②

승부차기로 갈음하자.

갈음하다

다른 것으로 바꾸어 대신하다라는 뜻이다.

이것도!
'대체하다'와 비슷한 말

- 수행평가로 중간고사를 갈음하기로 했어요.
- 교장 선생님은 출장 때문에 영상으로 입학식 축하 인사를 갈음했어요.

확인 콕콕!!

다음 문장의 빈칸에 알맞은 말을 골라 써 보세요.

1 사회자는 축시로 축하 인사를 _____. 가름했다 갈음했다

2 성실함과 노력은 인생의 성공과 실패를 _____. 가름한다 갈음한다

3 토익 시험으로 졸업 시험을 _____ 대학도 있다. 가름하는 갈음하는

4 양궁 종목은 선수의 집중력이 승패를 _____는 말로 올림픽에서 금메달을 딴 선수가 수상 소감을 _____. 가름한다 | 갈음한다   가름했다 | 갈음했다

11 벼 낟알 vs 낱알을 세다

경수: 난 할머니 집에 가면 마당에서 옥수수 낱알을 떼어 먹어.
현주: 우리 큰아버지가 농사짓는 논에는 벼 낟알이 주렁주렁 달려 있는데.

 '낟알'과 '낱알'은 둘 다 발음이 [나ː달]이고 글자 모양도 비슷하지만, 쓰임이 다르므로 구별해서 써야 해요. '낟알'은 껍질을 벗기지 않은 곡식 알, '낱알'은 낱낱의 알을 말해요.

벼 낟알

낟알
껍질을 벗기지 않은 곡식의 알이라는 뜻이다.

• 벼를 수확하며 바닥에 떨어진 낟알을 참새가 주워 먹었어요.
• 낟알이 탈곡기를 거치자 새하얀 쌀로 바뀌었어요.

옥수수 낱알

낱알
하나하나 따로따로인 알이라는 뜻이다.

• 낱낱의 알을 낱알이라고 해요.
• 알약에는 의약품 낱알 식별 표시가 있어요.

확인 콕콕!!

다음 문장의 빈칸에 알맞은 말을 골라 써 보세요.

1 벼 이삭의 작은 _____마다 농부의 땀이 어려 있다.   낟알 낱알

2 미림이는 옥수수를 들고 _____을 하나씩 떼어 냈다.   낟알 낱알

3 아빠와 시골에 가서 곡식 이삭을 두드려 _____을 털었다.   낟알 낱알

4 _____이 익어 가는 가을 들판을 바라보다 마당에 앉아 소쿠리에 들어 있는 콩 _____을 세던 어린 시절이 떠올랐다.   낟알ㅣ낱알 낟알ㅣ낱알

12 옷 한 벌 vs 무거운 벌

영순: 언니 결혼식 때 입으려고 백화점에서 하얀 원피스 한 벌을 샀어.
준희: 너는 옷 한 벌을 얻었구나. 나는 게임을 많이 한다고 일주일간 휴대폰을 압수당하는 벌을 받았어.

'벌'은 글자 모양은 같지만 쓰임에 따라 뜻이 전혀 다르므로 문맥에 맞게 뜻을 파악해야
해요. 여기에서는 옷이나 그릇, 수저 등을 세는 단위인 '벌'과 잘못했을 때 받는 '벌'에 대해
분명하게 알아보아요.

옷 한 벌

벌
① 옷을 세는 단위, ② 그
릇, 수저 등이 두 개 또는
여러 개 모여 갖추는 덩어
리를 세는 단위를 말한다.

• 연극 공연 때 입으려고 남자와 여자
한복을 각각 한 벌씩 빌렸어요. ①
• 어젯밤에 어떤 할머니에게서 수저
한 벌을 받는 꿈을 꾸었어. ②

무거운 벌

벌
잘못하거나 죄를 지은 사람
에게 주는 고통이라는 뜻
이다.

이것도!
'징계'와 비슷한 말

• 죄를 지은 사람이 벌을 받는 것은
당연한 일이야.
• 중학교 중에는 상벌점제를 운영
하는 학교들이 있어.

확인 콕콕!!

다음 문장의 빈칸에 알맞은 말을 쓰고 뜻을 확인하세요.

1 나는 스무 살이 되면 멋진 양복 한 _____을 맞출 것이다. **옷을 세는 단위**

2 가난한 청년이 빵 한 조각을 훔친 _____로 감옥에 갔다. **형벌**

3 방 안에는 이부자리 두 _____이 쌓여 있었다. **이불을 세는 단위**

4 창고에는 공구 몇 _____이 가지런히 놓여 있었다. **공구를 세는 단위**

13 문을 부수다 vs 눈이 부시다

수정: 어제 우리 집에 도둑이 문을 부수고 들어와 돈을 훔쳐갔어.

찬기: 나는 어제 결혼식장에 갔는데, 신부가 눈이 부시게 아름다웠어.

'부수다'는 단단한 물체를 잘게 쪼개거나 물건을 두드려 못 쓰게 만든다는 뜻을 나타낼 때 사용하고, '부시다'는 '눈'과 관련하여 빛이 난다는 뜻을 나타낼 때 사용해요.

문을 부쉈네.

부수다

물체나 물건을 두드려 깨트린다는 뜻이다.

이것도!

'깨다'와 비슷한 말

- 어린아이가 골목에 앉아 돌을 잘게 부수며 놀고 있어요.
- 갑자기 나타난 아저씨가 문을 발로 차서 부수고 달아났어요.

눈이 부시네.

부시다

빛이나 색채가 강렬하여 마주 보기가 어려운 상태라는 뜻이다.

- 그 아이 얼굴을 보면 환하고 아름답게 눈이 부시네.
- 눈이 부시게 푸르른 날에 우리 가족은 여행을 떠났다.

확인 콕콕!!

다음 문장의 빈칸에 알맞은 말을 골라 써 보세요.

1 돌로 된 담장을 _____ 무궁화 나무를 심었다.   부수고   부시고

2 유리창을 _____ 강한 햇빛이 방 안으로 쏟아졌다.   부수자   부시자

3 오월의 햇살은 언제나 눈이 _____.   부수다   부시다

4 눈이 _____ 아름다운 보석도 망치로 _____ 한낱 돌 조각에 지나지 않았다.
부순 | 부신   부수니 | 부시니

준일: 엄마, 감자 조림 맛있었어요.

엄마: 그래. 간장을 오래 졸여서 탈까 봐 가슴을 졸였어.

'조리다'는 양념 맛이 재료에 푹 스며들도록 국물이 거의 없을 정도로 바짝 끓여 내는 경우에 사용하고, '졸이다'는 단순히 찌개나 국의 국물을 줄게 하는 경우나 '마음'이나 '가슴'이 속을 태우다시피 초조해하다라는 의미로도 쓰여요.

생선 조림

조리다

양념을 한 고기나 생선, 채소 따위를 국물에 넣고 바짝 끓여서 양념이나 단맛이 배어들게 하다라는 뜻이다.

• 나는 간장 양념을 해서 무와 함께 조려 낸 고등어를 가장 좋아해요.

• 엄마는 멸치와 고추를 간장에 조리는 음식을 자주 하세요.

가슴을 졸였어.

졸이다

① 찌개나 국 따위의 물을 증발시켜 분량을 적어지게 한다, ② 속을 태우다시피 초조해한다는 뜻이다.

• 가스레인지에 국을 올려놓고 깜박한 사이 국물이 다 졸았어요. ①

• 나는 원하는 중학교에 배정받지 못할까 봐 엄청 마음을 졸였어요. ②

확인 콕콕!!

다음 문장의 빈칸에 알맞은 말을 골라 써 보세요.

1 딸기를 사다 설탕을 넣고 _____ 딸기잼을 만들었다. 조려서 졸여서

2 친구들 앞에서 망신을 당할까 봐 마음을 _____. 조렸다 졸였다

3 집에 들어서자 생선 _____ 냄새가 났는데, 국물을 너무 _____ 나머지 냄비가 까맣게 타 버렸다. 조리는 | 졸이는 조린 | 졸인

15 나물을 무치다 vs 땅에 묻히다

엄마: 도토리가 다람쥐에 의해 땅에 묻혔네.
선정: 엄마, 도토리 하니까 도토리묵 무침 먹고 싶어요.

 '무치다'와 '묻히다'는 발음이 [무치다]로 같아서 헷갈릴 수 있어요. '무치다'는 보통 나물 등의 음식을 만들 때 사용하고, '묻히다'는 주로 덮어서 보이지 않게 하다는 의미일 때 사용해요.

 나물을 무쳤어.

무치다

나물 따위에 갖은 양념을 넣고 골고루 한데 뒤섞다라는 뜻이다.

• 오늘 저녁 반찬으로 시금치를 무칠 거예요.

• 무는 가늘게 채를 썰어 무쳐야 먹기도 편하고 맛있어요.

 땅에 묻혔어.

묻히다

① 물건이 흙이나 다른 물건 속에 넣어져 보이지 않게 덮이다. ② 일이 속 깊이 감추어져 드러나지 않게 되다. ③ 다른 물체에 들러붙게 하다라는 뜻이다.

• 가을이 되면 우리 마을이 단풍 속에 묻히는 걸 볼 수 있어. ①

• 그 사건은 미궁에 빠져 미해결 사건으로 묻혔어요. ②

• 손에 물을 묻혀 부스스한 머리를 가다듬었네. ③

확인 콕콕!!

다음 문장의 빈칸에 알맞은 말을 골라 써 보세요.

1 우리 집 고양이는 죽어 땅에 _____ 신세가 되었다. 무치는 묻히는

2 나물에 양념을 넣어 맛있게 _____. 무쳤다 묻혔다

3 그는 땅속 깊이 _____ 무를 캐서 얇게 채를 친 다음 맛있게 _____.
무친 | 묻힌 무쳤다 | 묻혔다

16 집을 짓다 vs 개가 짖다

민찬: 나는 20년 뒤에는 내가 직접 설계한 멋진 집을 짓고 싶어.
창수: 나도 마당이 있고 개 짖는 소리가 나는 주택에서 살고 싶은데.

 '짓다'와 '짖다'도 발음은 비슷하지만 뜻이 전혀 다르므로 구별해서 써야 해요. '짓다'는 만들다라는 의미일 때 사용하고, '짖다'는 개, 늑대, 까마귀 등 동물이 소리 내는 것을 표현할 때 사용해요.

집을 짓네.

짓다

① 밥, 옷, 집 등을 만들다, ② 여러 재료를 섞어 약을 만들다, ③ 시, 소설 등과 같은 글을 쓴다는 뜻이다.

이것도!

'**만들다**'와 비슷한 말

- 엄마가 안 계신 동안 나는 동생과 함께 밥을 짓고 반찬도 만들었어요. ①
- 한의사가 여러 약재를 섞어 한약을 짓고 있어요. ②
- 친구가 동시를 짓고 있네요. ③

개가 짖네.

짖다

개나 늑대, 까마귀 등 짐승이 목청으로 소리를 낸다는 뜻이다.

이것도!

'**울다**'와 비슷한 말

- 우리 가족은 강아지가 짖는 소리에 아침잠을 깨요.
- 나무 위에서 작은 까치가 깍깍 짖고 있어요.

확인 콕콕!!

다음 문장의 빈칸에 알맞은 말을 골라 써 보세요.

1 현관문을 여니 구수한 밥 _____ 냄새가 났다.   짓는   **짖는**

2 달을 보고 _____ 여우를 보니 불길한 일이 생길 것 같다.   짓는   **짖는**

3 사극 드라마를 보는데 옷감으로 옷을 _____ 여인의 모습이 나오고 이어서 요란한 개 _____ 소리가 나더니 귀신이 등장했다.   짓는 | 짖는   짓는 | 짖는

17 차량 추돌 vs 의견 충돌

수영: 어제 뉴스에 나온 고속도로에서 난 차량 5중 추돌 사고 장면 봤어?

희정: 봤어. 정말 끔찍하더라. 생존한 운전자 간 의견 충돌도 대단하더라.

'추돌'과 '충돌'은 둘 다 무엇과 무엇이 부딪히는 것을 뜻하지만, 방향성의 차이가 있는 말이에요. '추돌'은 주로 교통수단과 관련해서 뒤에서 앞차를 받았을 때 사용하고, '충돌'은 다른 방향으로 진행 중인 두 물체가 부딪칠 때, 생각이나 입장, 힘이 맞설 때 사용해요.

차량 추돌

추돌

자동차나 기차 따위가 뒤에서 들이받다라는 뜻이다.

• 버스와 승용차 두 대가 부딪치는 이중 추돌이 일어났대.

• 오토바이가 빗길에 미끄러지면서 앞서가던 택시와 추돌했어요.

의견 충돌

충돌

서로 맞부딪치거나 맞서다라는 뜻이다.

• 시위대와 경찰의 격렬한 충돌로 많은 사람이 다쳤어요.

• 친구 사이에 생각이 달라 의견 충돌이 일어났어요.

확인 콕콕!!

다음 문장의 빈칸에 알맞은 말을 골라 써 보세요.

1 시위 도중 무력 _____이 일어나 많은 사람이 다쳤다. 추돌 충돌

2 짙은 안개로 37대의 차량이 연쇄 _____하는 사고가 났다. 추돌 충돌

3 쓸데없는 _____을 피하려면 자세를 낮추는 게 좋다. 추돌 충돌

4 빙판길에 미끄러진 승용차가 앞에 가던 차와 _____한 뒤, 중앙선을 넘어가 마주 오던 트럭과 _____하며 전복되었다. 추돌ㅣ충돌 추돌ㅣ충돌

18

머지않다 vs 멀지 않다

유정: 우리 가족이 각자의 방이 있는 집으로 이사 갈 날이 머지않았어.

순애: 나도 기대돼. 근데 나는 언니 방과 내 방이 멀지 않았으면 좋겠어.

 '머지않다'는 시간적으로 멀지 않다는 뜻을 나타내며 한 단어이므로 붙여 써요. '멀지 않다'는 '멀다'와 '않다'를 합한 말로 거리가 멀리 떨어져 있지 않다라는 뜻을 나타내며 띄어 써요.

머지않은 시간

머지않다
시간적으로 멀지 않다는 뜻이다.

• 그에게 머지않아 반갑고 기쁜 소식이 올 거예요.

• 지금 열심히 공부하고 있으니 머지않아 성적이 오를 거예요.

멀지 않은 사이

멀지 않다
① 거리가 많이 떨어져 있지 않다, ② 사람 사이가 서먹서먹하지 않다는 뜻이다.

• 우리 집에서 외할머니네 집은 별로 멀지 않다. ①

• 영철이와 나 사이는 친구들이 생각하는 것보다 멀지 않아요. ②

확인 콕콕!!

다음 문장의 빈칸에 알맞은 말을 골라 써 보세요.

1 우리는 _____ 우주여행을 갈 수 있을 것이다.　머지않아　멀지 않아

2 집에서 학교까지 _____ 수정이는 걸어서 다닌다.　머지않아　멀지 않아

3 내가 휴대폰을 잃어버린 장소는 여기서 _____.　머지않다　멀지 않다

4 _____ 교회에서 종소리가 들려오는 걸 보니 _____ 많은 사람이 교회로 모여들 것 같다.　머지않은 | 멀지 않은　머지않아 | 멀지 않아

19 못쓸 얼굴 vs 몹쓸 사람

정식: 엄마는 나 때문에 마음고생을 많이 하셔서 얼굴이 못쓰게 되셨어.
영채: 부모의 마음을 고생시키는 사람은 몹쓸 자식이야.

'못쓸'과 '몹쓸'은 쓰임이 다르고 발음에도 유의해야 하는 단어예요. '못쓸'은 못쓰다라는 말의 변형으로 몸이 축나거나 좋지 않음을 나타낼 때 사용하고, '몹쓸'은 아주 많이 나쁘다는 뜻을 나타낼 때 사용해요.

> 못쓸 얼굴

못쓸

① 얼굴이나 몸이 축나다.
② 옳지 않다, 바람직하지 않다라는 뜻이다.

이것도!
'**못쓰다**'의 관형사형

- 며칠 동안 잠을 못 잤더니 얼굴이 못쓰게 되었어요.
- 그런 거짓말을 하면 못써요.
- 무엇이든 지나치면 못쓰는 거래요.

> 몹쓸 행동

몹쓸

악독하고 고약한이라는 뜻이다.

- 그 사람 참 몹쓸 사람이네요.
- 그 사람은 몹쓸 병에 걸렸어요.
- 그런 몹쓸 짓을 하면 안 되지요.

확인 콕콕!!

다음 문장의 빈칸에 알맞은 말을 골라 써 보세요.

1 나는 짝사랑이라는 _____ 병에 걸리고 말았다.   못쓸   **몹쓸**

2 그 사람은 너무 게을러서 _____고 하셨다.   못쓴다   **몹쓴다**

3 동물에게 _____ 짓을 하는 사람에게는 어떤 방법으로든 그런 행동을 하면 _____ 는 것을 꼭 알게 해 줘야 한다.   못쓸 | 몹쓸   **못쓴다 | 몹쓴다**

20 머리를 빗다 vs 송편을 빚다

승철: 영주가 수학 시간에 문제는 안 풀고 머리를 빗다 꾸중을 들었어.
정주: 영주는 실기는 열심히 해. 가정 시간에 송편을 잘 빚었거든.

'빗다'와 '빚다' 역시 발음은 같지만 뜻이 전혀 다르므로 구별해서 써야 해요. '빗다'는
머리카락, 머리털을 정리할 때 사용하고, '빚다'는 어떤 재료를 이용하여 결과물(도자기,
술, 송편 등)을 만들어 내다라는 뜻을 나타낼 때 사용해요.

머리를 빗자.

빗다

머리털을 빗 따위로 가지런
히 고르다라는 뜻이다.

• 내가 머리카락을 예쁘게 빗는다
고 친구들이 자꾸 빗어 달라네.

• 미송이는 예쁜 원피스를 입고
단정하게 빗은 머리에 리본을
달았다.

송편을 빚자.

빚다

① 흙 등의 재료를 이겨서
어떤 형태를 만든다, ② 가
루를 반죽하여 만두, 송편,
경단을 만든다, ③ 술을 만
들다라는 뜻이다.

이것도!

'만들다, 담그다'와
비슷한 말

• 노인은 흙으로 큰 독을 빚었어. ①

• 우리 엄마는 송편을 예쁘게 빚어
나처럼 예쁜 딸을 낳았대. ②

• 찹쌀로 맛있는 술을 빚었어. ③

확인 콕콕!!

다음 문장의 빈칸에 알맞은 말을 골라 써 보세요.

1 설 명절에는 가족끼리 둘러앉아 만두를 _____. 빗는다 **빚는다**

2 남자는 2 대 8 가르마를 탄 머리를 단정하게 _____. 빗었다 **빚었다**

3 아빠 제삿날 엄마와 나는 머리를 _____ 단정히 묶고, 아빠가 생전에 좋아하시던 동그란
경단을 _____. 빗어 | 빚어 **빗었다 | 빚었다**

도전! 맞춤법 퀴즈1

※ 다음 문장이 자연스럽게 완성되도록 괄호 안에서 알맞은 단어를 찾아 ○표 하세요.

1 귀신의 집에 들어가자마자 처녀 귀신이 튀어나왔는데 **(얼떨결 / 엉겁결)**에 귀신의 손을
   잡고는 너무 놀라 **(얼떨결 / 엉겁결)**에 옆에 있는 친구에게 안겼다.

2 들판에서 익어 가는 벼 이삭의 **(낟알 / 낱알)**은 익을수록 고개를 숙여 떨어지고, 탈곡을
   거친 **(낟알 / 낱알)**들은 한결 가벼워진 모습으로 하얀빛을 낸다.

3 초보 운전자가 앞 차를 들이받으며 3중 **(추돌 / 충돌)** 사고를 낸 뒤, 붕 떠서 중앙 차선을
   넘었고 결국 마주 오던 차와 **(추돌 / 충돌)**하였다.

4 벽을 **(부수자 / 부시자)** 어두컴컴하던 지하실에 햇빛이 쏟아져 들어왔다. 지하실에 숨어
   있던 쥐와 벌레들이 눈이 **(부순지 / 부신지)** 쏜살같이 달아났다.

5 며칠 동안 밤늦게 게임을 했더니 피로가 너무 **(쌓여 / 싸여)** 거울을 보니 얼굴색이 어두운
   기운에 **(쌓여 / 싸여)** 있었다.

6 우리 모둠이 키우는 화분에 예쁜 꽃이 **(피니 / 피우니)** 친구들이 너무 좋아했다. 작은 꽃이
   친구들의 웃음꽃을 **(피게 / 피우게)** 한다는 게 신기했다.

7 김을 설탕을 넣은 간장물에 **(조리면 / 졸이면)** 맛있는 김장아찌가 되는데 간장을 너무
   (조리면 / 졸이면) 짜서 실패하니 조심해야 한다.

8 그가 길고양이에게 **(못쓸 / 몹쓸)** 짓을 했다고 의심했는데, 증거도 없이 사람을 의심하면
   (못쓰는 / 몹쓰는) 법이라는 말을 듣고 그에게 미안했다.

9 아기가 계속 운다고 무섭게 **(어르기 / 으르기)**보다는 참을성을 갖고 **(어르는 / 으르는)** 것이
   아기의 정서를 지켜 주는 것임을 잊지 말아야 한다.

10 산에서 캐 온 고사리를 맛있게 **(무쳐 / 묻혀)** 먹은 날 밤새 눈이 와서 다음 날 온 세상이
   하얗게 눈에 **(무쳤다 / 묻혔다)**.

11 나는 애착 인형인 바비의 머리를 **(빗긴 / 빚긴)** 후에 엄마를 도와 송편을 **(빗었다 / 빚었다)**.

12 마을 전체를 뒤흔든 개 **(짓는 / 짖는)** 소리에 놀라서 잠을 깬 사람들이 새벽부터 밥을 **(짓고 / 짖고)** 논과 밭으로 일을 하러 갔다.

13 **(머지않은 / 멀지 않은)** 미래에 로봇과 함께 살게 될 거라는 선생님의 말씀을 들으며 찾아 간 로봇 전시회는 생각보다 **(머지않았다 / 멀지 않았다)**.

14 옳고 그름을 **(가름 / 갈음)**하는 기준은 구성원 간 토론을 통해 정하는 것이 좋지만, 시간이 없으므로 구성원의 투표 결과로 **(가름 / 갈음)**하기로 했다.

15 어린이 보호구역에서 교통사고를 내거나 어린이에게 나쁜 짓을 한 사람은 형량이 높은 **(-형벌)**과 죄수복 한 **(-옷을 세는 단위)**이 딱이다.

16 9시 뉴스의 **(전통 / 정통)**한 소식통에 의하면 우리나라 **(전통 / 정통)** 참민요를 전승받는 사람이 많지 않다고 한다.

17 싸게 판다는 말에 **(속아 / 솎아)** 인터넷에서 브랜드 신발을 샀는데 짝퉁이었다. 이런 나쁜 쇼핑몰은 채소 **(속아 / 솎아)** 내듯 뿌리째 뽑았으면 좋겠다.

18 상관에게 **(결재 / 결제)**를 받고 추진해야 하는 일은 단순히 카드 대금이나 전기 요금 등을 **(결재 / 결제)**하는 일과는 다르다.

19 엄마는 초여름이 되면 새콤달콤한 오이지를 **(담아 / 담가)** 항아리에 **(담아서 / 담가서)** 숙성을 시킨 뒤 냉장고에 넣어 시원하게 드신다.

20 배우자나 형제가 없는 사람은 **(홀몸 / 홑몸)**이라고 하고, 딸린 사람이 없거나 아이를 갖지 않은 몸은 **(홀몸 / 홑몸)**이라고 한다.

도전! 맞춤법 퀴즈2

※ [A–B] 다음 글에서 맞춤법이 틀린 부분을 <u>5곳</u> 찾아 표시하고 바르게 고쳐 쓰세요.

A

> 엄마는 너무 많이 나온 이번 달 카드값을 어떻게 결재해야 하나 고민하시다 엉겁결에 착각으로 나물을 묻히며 소금 대신 설탕을 넣은 뒤 접시에 담가 식탁 위에 올리셨다. 그리고 김치찌개와 계란말이에도 설탕을 넣으셔서 모든 음식이 달았다. 아빠와 나는 어두운 얼굴을 한 엄마가 화가 난 줄 알고 눈치를 보느라 밥의 낟알을 세며 곤혹을 치렀다.

	틀린 단어		바르게 고치기
1			
2			
3		⇨	
4			
5			

B

> 휴가 때 펜션에 가서 우리나라 정통 놀이인 윷놀이를 했다. 엄마아빠가 한 팀이 되고, 나와 동생이 한 팀이 되어 설거지 내기를 했는데 결과가 비슷해서 승부를 갈음하기 어려웠다. 밤이 되자 밖에서 개 짓는 소리가 크게 들려 동생과 가슴을 조리며 무서워하다가 잠이 들었다. 아침에 눈을 떠 엄마가 접시에 담가 놓은 삶은 계란을 까서 먹으며 밤에 있었던 일을 부모님께 이야기했다.

	틀린 단어		바르게 고치기
1			
2			
3		⇨	
4			
5			

글자는 같은데
의미가 달라요!

중학교 시험에 꼭 나오는
동음이의어와 다의어

	표현	단어 뜻	예문
1	**김**이 맛있다	홍조류 보라털과의 조류. 먹는 김	• 참기름으로 구운 김이 맛있어요. • 김밥을 싸서 소풍을 갔어요.
2	**김**이 나다	액체가 열을 받아서 기체로 변한 것	• 뜨거운 국에서 김이 나네요. • 주전자에서 김을 내뿜고 있어요.
3	**김**이 서리다	수증기가 찬 기운을 받아서 엉긴 아주 작은 물방울의 집합체	• 겨울에는 유리창에 김이 서려요. • 안경알에 김이 끼어 보이지 않아요.
4	**김**을 내뿜다	입에서 나오는 더운 기운	• 라면을 먹으며 입으로 김을 불었어요. • 그는 훅훅 더운 김을 내뿜으면서 말을 이었어요.
5	**김**이 빠지다	맥주나 청량음료 속에 들어 있는 이산화 탄소	• 김이 빠진 사이다는 단맛만 나요. • 김 빠진 맥주를 화분에 주면 식물이 잘 자란대요.
6	**김**을 매다	논밭에 난 잡풀	• 할아버지가 밭을 갈고 김을 매요. • 논에서 김을 매는 사이에 하루가 다 갔어요.

확인 콕콕!!

다음 문장의 밑줄 친 단어의 뜻으로 알맞은 것을 위의 표에서 찾아 해당 번호를 쓰세요.

1 나는 구운 <u>김</u>을 좋아해요. (*1*)

2 추운 겨울에는 입을 벌리면 입에서 <u>김</u>이 나와요. ( )

3 길거리 빵집의 솥에서 <u>김</u>이 모락모락 나고 있어요. ( )

4 외가에 가서 밭에 앉아 <u>김</u>을 잠깐 매는데 너무 힘들었어요. ( )

2 머리

	표현	단어 뜻	예문
1	**머리**를 다치다	사람이나 동물의 목 위의 부분	• 영수는 머리를 다쳐 수술을 했어요. • 철수는 어른들을 보면 머리를 숙여 인사한다고 칭찬을 들어요.
2	**머리**가 좋다	생각하고 판단하는 능력	• 내 동생은 머리는 좋은데 노력을 안 해서 성적이 좋지 못한 것 같아. • 전화번호를 잘 외우지 못하는 사람은 머리가 나쁜 걸까?
3	**머리**가 길다	머리에 난 털	• 나와 우리 엄마는 머리가 길어요. • 그는 머리가 덥수룩해서 지저분해 보여요.
4	조직의 **머리**	단체의 우두머리	• 그는 우리 모임의 머리 노릇을 하고 있다. • 그가 조직의 머리가 되기에는 아직 부족한 점이 많아요.
5	장도리 **머리**	사물의 앞이나 위를 비유적으로 이르는 말	• 장도리 머리 부분이 부러졌어요. • 저 멀리 연기를 뿜으며 달려오는 기차의 머리가 보였어요.

확인 콕콕!!

다음 문장의 밑줄 친 단어의 뜻으로 알맞은 것을 위의 표에서 찾아 해당 번호를 쓰세요.

1 홍길동은 활빈당의 <u>머리</u>가 되었다. ( )

2 강아지가 벽에 부딪혀 <u>머리</u>를 다쳤다. ( )

3 여름이 되니 너무 더워서 그동안 기른 <u>머리</u>를 잘랐다. ( )

4 나는 <u>머리</u>가 좋아서 한 번 본 것은 잊어버리지 않는다. ( )

3 차다

	표현	단어 뜻	예문
1	공을 **차다**	발로 내어 지르거나 받아 올리다.	• 축구 선수가 골대를 향해 공을 차요. • 아기가 발로 인형을 찼어요.
2	공기가 **차다**	몸에 닿은 물체나 대기의 온도가 낮다.	• 밤이 되니 공기가 많이 차네요. • 바람이 차니 두꺼운 겉옷을 입어요.
3	기간이 **차다**	정한 수량, 나이, 기간 따위가 다 되다.	• 계약 기간이 다 차서 일을 그만뒀어요. • 막내 이모는 나이가 다 차서 올해는 꼭 결혼을 해야 한대요.
4	시계를 **차다**	물건을 몸의 한 부분에 달아매거나 끼워서 지니다.	• 그는 항상 손목에 시계를 차요. • 그녀는 발목에 발찌를 찼어요.
5	냄새가 **차다**	일정한 공간에 사람, 사물, 냄새 따위가 더 들어갈 수 없이 가득하게 되다.	• 집 안에 이상한 냄새가 꽉 찼어요. • 항아리에 물이 가득 찼어요.
6	혀를 **차다**	혀끝을 입천장 앞쪽에 붙였다가 떼어 소리를 내다.	• 어이가 없어서 혀를 끌끌 찼어요. • 우리 반에는 혀를 차는 습관을 가진 친구가 있어요.
7	마음에 **차다**	어떤 대상이 흡족하게 마음에 들다.	• 엄마는 사윗감이 마음에 찼어요. • 국가대표팀의 경기가 마음에 차지 않았어요.

확인 콕콕!!

다음 문장의 밑줄 친 단어의 뜻으로 알맞은 것을 위의 표에서 찾아 해당 번호를 쓰세요.

1 나는 엄마가 주신 팔찌를 꼭 <u>차고</u> 다닌다. ( )

2 겨울에는 날씨가 너무 <u>차서</u> 마스크를 쓰는 게 좋다. ( )

3 모둠 활동으로 도시 모형을 제작했는데 별로 마음에 <u>차지</u> 않는다. ( )

4 축구 선수가 <u>차는</u> 공의 힘은 보통 사람들이 차는 공의 힘과 다르다. ( )

4 들다

	표현	단어 뜻	예문
1	손님이 **들다**	밖에서 속이나 안으로 향해 가거나 오거나 하다.	• 사랑방에 손님이 들었어요. • 어젯밤에 집에 도둑이 들었어요.
2	가방을 **들다**	손에 가지다.	• 가방을 들고 학교에 가요. • 아이는 양손에 떡을 들고 먹어요.
3	팔을 **들다**	아래에 있는 것을 위로 올리다.	• 그는 발을 머리까지 들어 올렸어요. • 아기가 두 팔을 들고 흔들어요.
4	칼이 잘 **들다**	날이 날카로워 물건이 잘 베어지다.	• 이 칼은 작지만 잘 들어요. • 가위 날을 갈았더니 잘 드네요.
5	비용이 **들다**	어떤 일에 돈, 시간, 노력, 물자 따위가 쓰이다.	• 접촉 사고가 나서 차를 고치는 비용이 많이 든대요. • 고기가 얼어서 익는 데에 시간이 좀 들어요.
6	빛이 **들다**	빛, 볕, 물 따위가 안으로 들어오다.	• 집 안에 물이 흘러들었어요. • 창문을 통해 집안에 햇빛이 가득 들었어요.

확인 콕콕!!

다음 문장의 밑줄 친 단어의 뜻으로 알맞은 것을 위의 표에서 찾아 해당 번호를 쓰세요.

1 미술 준비물을 사는 데 돈이 많이 <u>든다</u>.　　　　　　　　　　　(　　　)

2 어린아이가 자기 몸보다 큰 가방을 <u>들고</u> 걸어간다.　　　　　(　　　)

3 우리 집 베란다는 햇볕이 <u>들지</u> 않아 항상 서늘하다.　　　　　(　　　)

4 선생님이 질문을 하자 반 아이들이 일제히 손을 <u>들었다</u>.　　　(　　　)

5 바람

	표현	단어 뜻	예문
1	**바람**이 분다	기압의 변화 또는 사람이나 기계에 의하여 일어나는 공기의 움직임	• 오늘은 바람이 많이 부네요. • 회오리 바람에 자동차가 날아갔대요.
2	**바람**이 간절하다	어떤 일이 이루어지기를 기다리는 간절한 마음	• 우리의 간절한 바람은 행방불명된 아이들이 무사히 돌아오는 것이다. • 나의 바람대로 눈이 내렸다.
3	**바람**이 일다	무슨 일에 더불어 일어나는 기세	• 과자에서 벌레가 나왔다는 뉴스에 해당 과자의 불매 운동 바람이 일고 있다. • 약 바람에 통증을 느끼지 못했다.
4	**바람**을 넣다	공이나 튜브 따위와 같이 속이 빈 곳에 넣는 공기	• 농구공에 바람을 넣어요. • 튜브에 구멍이 나서 바람이 빠지고 있어요.
5	비가 오는 **바람**에	뒷말의 근거나 원인을 나타내는 말	• 밥을 급히 먹는 바람에 체했다. • 내 짝꿍은 배탈이 나는 바람에 오늘 학교에 결석했다.

확인 콕콕!!

다음 문장의 밑줄 친 단어의 뜻으로 알맞은 것을 위의 표에서 찾아 해당 번호를 쓰세요.

1 차 바퀴에서 <u>바람</u>이 샌다.　　　　　　　　　　　　　　　（　　　　）

2 어제는 눈이 오는 <u>바람</u>에 길이 미끄러웠다.　　　　　　　　　（　　　　）

3 너무 더워서 에어컨 앞에서 <u>바람</u>을 쐬고 있다.　　　　　　　　（　　　　）

4 우리의 <u>바람</u>대로 학교에 자판기가 새로 들어왔다.　　　　　　（　　　　）

6 눈

	표현	단어 뜻	예문
1	**눈**이 아프다	빛의 자극을 받아 물체를 볼 수 있는 감각 기관. 얼굴의 눈	• 나는 눈에 쌍꺼풀이 있어요. • 눈에 다래끼가 나서 아파요.
2	**눈**이 내리다	대기 중의 수증기가 찬 기운을 만나 얼어서 땅 위로 떨어지는 얼음의 결정체	• 하늘에서 펄펄 눈이 내려요. • 함박눈이 내리는 날 만나요.
3	**눈**이 예리하다	사물을 보고 판단하는 힘	• 그의 눈은 아주 예리해요. • 사람을 보는 눈이 그렇게 없나요?
4	**눈**이 자라다	새로 막 터져 돋아나려는 식물 초목의 싹	• 꽃눈이 자라 예쁜 꽃이 되지요. • 잎눈은 자라서 줄기나 잎이 되지요.
5	**눈**이 높다	정도 이상의 좋은 것만 찾는 버릇이 있다. 안목이 높다.	• 나는 눈이 좀 높은 편이라 아무나 사귀지 않아. • 당신은 물건을 보는 눈이 높네요.
6	온도계의 **눈**	자 · 저울 · 온도계 따위에 표시하여 길이 · 양(量) · 도수(度數) 등을 나타내는 금	• 온도계 눈을 보니 35도나 되더라. • 과학 시간에 저울에 추의 무게를 다는데 눈금이 지워져 잘 안 보였다.

확인 콕콕!!

다음 문장의 밑줄 친 단어의 뜻으로 알맞은 것을 위의 표에서 찾아 해당 번호를 쓰세요.

1 강아지의 <u>눈</u>이 크고 예쁘다. ( )

2 내 동생은 <u>눈</u>이 높아 비싼 신발만 신는다. ( )

3 올해는 기상 이변으로 9월에 <u>눈</u>이 내렸다. ( )

4 그는 완전 범죄를 꿈꿨지만 경찰의 예리한 <u>눈</u>을 피할 수 없었다. ( )

	표현	단어 뜻	예문
1	**말**이 많다	사람의 생각이나 느낌 따위를 표현하고 전달하는 데 쓰는 음성 기호	• 말이 많은 사람은 좀 피곤해요. • 그가 하는 말은 거짓이 많아 믿을 수 없어요.
2	**말**을 타다	말과의 포유류. 사람이 타는 말	• 그는 검은 말을 타고 경주에서 1등을 했어요. • 히이잉 말 우는 소리에 잠을 깨요.
3	고려 **말**	어떤 기간의 끝이나 말기	• 1학기 말 시험이 걱정되네요. • 고려 말에서 조선 초기는 어수선했어요.
4	쌀 한 **말**	곡식, 액체, 가루 따위의 부피를 재는 단위	• 쌀 한 말은 16kg이에요. • 한 말은 한 되의 열 배로 약 18리터에 해당해요.

확인 콕콕!!

다음 문장의 밑줄 친 단어의 뜻으로 알맞은 것을 위의 표에서 찾아 해당 번호를 쓰세요.

1 제주도 여행에서 처음으로 <u>말</u>을 탔는데 무서웠다. (   )

2 시골에 사시는 할아버지께서 보리쌀 두 <u>말</u>을 보내 주셨다. (   )

3 선생님께서 부정적인 <u>말</u>보다 긍정적인 <u>말</u>을 많이 하라고 하셨다. (   )

4 서울근대문화유산 우정총국은 조선 <u>말</u> 우편 업무를 담당했던 곳이다. (   )

8 초

	표현	단어 뜻	예문
1	**초**가 타다	불빛을 내는 데 쓰는 물건의 하나	• 정전이 되어 초를 찾아 켰어요. • 방 안에 빨간 양초가 타고 있어요.
2	**초**가 시다	초산이 들어 있어 신맛이 나는 액체 조미료	• 냉면에는 식초를 꼭 넣어요. • 초에 절인 새콤한 오이가 맛있어요.
3	학기 **초**	어떤 기간의 처음이나 초기	• 지금은 21세기 초에 해당해요. • 학기 초에 세운 계획을 잘 지켜요.
4	1분 59**초**	한 시간의 3,600분의 1이 되는 동안을 세는 단위	• 현재 시각은 1시 59분 59초예요. • 지진이 약 5초 정도 느껴졌어요.

확인 콕콕!!

다음 문장의 밑줄 친 단어의 뜻으로 알맞은 것을 위의 표에서 찾아 해당 번호를 쓰세요.

1 나는 학년 <u>초</u>에 세운 계획을 잘 지키기 위해 노력한다. ( )

2 레몬을 갈아 무를 담근 레몬무 <u>초</u>절임은 시고 맛있었다. ( )

3 <u>초</u>를 다투는 위급 상황에서 119 대원이 중요한 역할을 해 줬다. ( )

4 촛불 의식을 하는 내내 나는 환하게 타는 <u>초</u>를 물끄러미 바라보았다. ( )

9　손

	표현	단어 뜻	예문
1	아기의 **손**	사람의 팔목 끝에 달린 부분	• 아기의 손은 단풍잎처럼 작아요. • 할머니가 손자의 손에 용돈을 쥐여 주셨어요.
2	**손**을 맞이하다	다른 곳에서 찾아온 사람. '손님, 객'과 비슷한 말	• 우리 집은 자고 가는 손이 많아요. • 오늘은 우리 호텔에 오는 새로운 손을 맞이하는 날이에요.
3	**손**이 모자라다	일을 하는 사람	• 모내기 철에 농촌은 손이 모자라요. • 손이 많아 김장이 빨리 끝났어요.
4	**손**이 많이 가다	어떤 일을 하는 데 드는 사람의 힘이나 노력, 기술	• 그 일은 손이 많이 가서 하기 싫어. • 나는 할머니의 손에서 자랐어요.
5	**손**에 맡기다	어떤 사람의 영향력이나 권한이 미치는 범위	• 범인은 경찰의 손이 미치지 않는 곳으로 도망가 버렸어요. • 이 일을 네 손에 맡겨도 될 것 같아.
6	**손**에 놀아나다	사람의 수완이나 꾀	• 시골 할머니들이 장사꾼의 손에 놀아나 물건을 강제로 사셨대요. • 나쁜 친구의 손에 놀아나면 안 돼.
7	**손**을 끊다	교제나 거래 따위	• 그는 나쁜 친구들과 손을 끊었어요. • 이번에는 그 사람과 손을 잡겠어.
8	**손**이 크다	씀씀이가 후하고 크다.	• 우리 엄마는 손이 커서 음식을 항상 많이 하신다. • 손이 크면 낭비를 하게 된다.

확인 콕콕!!

다음 문장의 밑줄 친 단어의 뜻으로 알맞은 것을 위의 표에서 찾아 해당 번호를 쓰세요.

1 내 친구는 손이 커서 씀씀이가 헤프다. 　　　　　　　　(　　　)

2 한식은 손이 너무 많이 가는 음식인 것 같다. 　　　　　　　(　　　)

3 그렇게 친했던 친구와 싸우고 나서 아예 손을 끊었다. 　　　　(　　　)

4 할머니 생신 때 음식 만들 손이 모자라 나까지 일을 했다. 　　(　　　)

10 풀다

	표현	단어 뜻	예문
1	줄을 **풀다**	묶이거나 감기거나 얽히거나 합쳐진 것 따위를 그렇지 아니한 상태로 되게 하다.	• 보따리를 풀자 음식이 쏟아졌어요. • 강아지가 목줄을 풀고 도망갔어요.
2	생각을 **풀다**	생각이나 이야기 따위를 말하다.	• 우리 함께 생각을 풀어 나가요. • 그가 이야기를 풀어 가기 시작했어요.
3	노여움을 **풀다**	일어난 감정 따위를 누그러뜨리다.	• 속상한 마음과 노여움을 풀어요. • 나는 동생과 서로 화를 풀었어요.
4	문제를 **풀다**	모르거나 복잡한 문제를 알아내거나 해결하다.	• 모르는 수학 문제를 풀어요. • 궁금증을 풀기 위해 노력해요.
5	코를 **풀다**	콧물을 밖으로 나오게 하다.	• 코를 풀자 피가 섞여 나왔어요. • 아기가 두 손으로 코를 푸네요.

확인 콕콕!!

다음 문장의 밑줄 친 단어의 뜻으로 알맞은 것을 위의 표에서 찾아 해당 번호를 쓰세요.

1 끈을 너무 단단히 매었는지 도무지 <u>풀리지</u> 않는다.   (   )

2 한 번 막힌 생각을 풀어내니 이야기가 술술 <u>풀렸다.</u>   (   )

3 감기가 들어 코를 너무 많이 <u>풀었더니</u> 머리가 아프다.   (   )

4 퀴즈를 <u>풀다가</u> 모르는 문제를 찍었는데 맞아서 기분이 좋았다.   (   )

	표현	단어 뜻	예문
1	산이 **높다**	아래에서 위까지의 길이가 길다.	• 한라산은 1,947미터의 높은 산이에요. • 그녀는 굽이 높은 구두를 신어요.
2	천장이 **높다**	아래에서부터 위까지 벌어진 사이가 크다.	• 우리 집 천장은 매우 높아요. • 가을 하늘은 유난히 높아 보여요.
3	기온이 **높다**	온도, 습도, 압력 따위가 기준치보다 위에 있다.	• 오늘은 34도로 기온이 높네요. • 습도가 높은 날은 후텁지근해요.
4	코가 **높다**	잘난 체하고 뽐내는 기세가 있다.	• 그는 코가 높아서 상대하기 어려워요. • 나는 친구의 높은 코를 눌러 버렸어요.
5	문턱이 **높다**	들어가거나 상대하기가 어렵다.	• 국제 중학교는 문턱이 높아 웬만한 실력으로는 들어가기 어렵대요. • 그 회사는 문턱이 너무 높아요.

확인 콕콕!!

다음 문장의 밑줄 친 단어의 뜻으로 알맞은 것을 위의 표에서 찾아 해당 번호를 쓰세요.

1 올여름 그리스는 54도까지 기온이 <u>높게</u> 올랐다.　　　　　　　　　　　（　　　　）

2 그 회사는 문턱이 너무 <u>높아</u> 아무나 들어가지 못한다.　　　　　　　　　（　　　　）

3 공원의 철봉은 너무 <u>높아</u> 키 작은 사람은 매달리지 못한다.　　　　　　（　　　　）

4 우리 막내 이모는 잘난 척하고 코가 <u>높아서</u> 친구가 별로 없다.　　　　　（　　　　）

12 마르다

	표현	단어 뜻	예문
1	몸이 **마르다**	살이 빠져 야위다.	• 탈이 나서 며칠 동안 먹지를 못했더니 몸이 많이 말랐어요. • 얼핏 보아도 바짝 마른 아이가 편의점 앞에 앉아 있네요.
2	빨래가 **마르다**	물기가 다 날아가서 없어지다.	• 날씨가 맑아 빨래가 잘 마르네요. • 비에 젖은 옷이 다 말랐어요.
3	입이 **마르다**	입이나 목구멍에 물기가 적어져 갈증이 나다.	• 오래달리기를 했더니 목이 말라요. • 긴장했더니 입이 바짝바짝 마르네요.
4	강물이 **마르다**	강이나 우물 따위의 물이 줄어 없어지다.	• 가뭄에도 이 우물은 마르지 않았어요. • 강이 말라 강 바닥이 다 드러났어요.

확인 콕콕!!

다음 문장의 밑줄 친 단어의 뜻으로 알맞은 것을 위의 표에서 찾아 해당 번호를 쓰세요.

1 아팠던 친구가 오랜만에 왔는데 너무 <u>말라</u> 깜짝 놀랐다. ( )

2 악마가 쫓아오는 악몽을 꾸다 깼더니 목이 너무 <u>말랐다</u>. ( )

3 산에서 옹달샘이 있어 달려갔는데 샘이 <u>말라</u> 물이 없었다. ( )

4 이불을 탈수하지 않고 그냥 널었더니 쉽게 <u>마르지</u> 않는다. ( )

13 울다

	표현	단어 뜻	예문
1	아이가 **울다**	기쁨, 슬픔 따위의 감정을 억누르지 못하거나 아픔을 참지 못하여 눈물을 흘리다.	• 아이가 서럽게 울고 있네요. • 선수들이 승리의 기쁨에 울고 있어요.
2	늑대가 **울다**	짐승, 벌레, 바람 따위가 소리를 내다.	• 산에서 늑대 우는 소리를 들었어요. • 귀뚜라미가 우는 가을이 왔어요.
3	거문고가 **울다**	물체가 바람 따위에 흔들리거나 움직여 소리가 나다.	• 전깃줄이 바람에 울고 있어요. • 거문고가 슬피 울면 전쟁이 난대요.
4	주먹이 **울다**	상대를 때리거나 공격할 수 없어 분한 마음을 느끼다.	• 저런 악당을 보고도 가만히 있어야 하다니 주먹이 우는구나. • 주먹이 운다 울어.
5	장판이 **울다**	발라 놓거나 바느질한 것 따위가 반반하지 못하고 우글쭈글해지다.	• 장판이 울지 않고 잘 발라졌어요. • 바느질이 잘못되어 옷깃이 울어요.

확인 콕콕!!

다음 문장의 밑줄 친 단어의 뜻으로 알맞은 것을 위의 표에서 찾아 해당 번호를 쓰세요.

1 가을밤 귀뚜라미 <u>우는</u> 소리에 잠들지 못했다. ( )

2 아빠는 범죄자만 보면 '주먹이 <u>운다</u>'고 말했다. ( )

3 가야금 <u>우는</u> 소리가 가슴을 파고들어서 슬프다. ( )

4 물에 젖은 종이가 <u>울어</u> 메모지로 사용할 수 없다. ( )

14 빨다

	표현	단어 뜻	예문
1	옷을 **빨다**	옷 따위의 물건을 물에 넣고 주물러서 때를 없애다.	• 그는 더러워진 옷을 빨고 있어요. • 우리는 이불을 빨다 장난을 쳤어요.
2	빨대를 **빨다**	입을 대고 입속으로 당겨 들어오게 하다.	• 아이가 빨대로 주스를 빨고 있어요. • 아기가 엄마 젖을 빨다 잠들었어요.
3	손가락을 **빨다**	입안에 넣고 녹이거나 혀로 핥다.	• 사탕은 깨지 말고 빨아 먹어야 해요. • 준이는 손가락 빠는 버릇이 있어요.

확인 콕콕!!

다음 문장의 밑줄 친 단어의 뜻으로 알맞은 것을 위의 표에서 찾아 해당 번호를 쓰세요.

1 나비가 꿀을 <u>빤다</u>.   (   )

2 엿을 <u>빨아</u> 먹었더니 너무 달콤했다.   (   )

3 주말에 더러워진 운동화를 솔로 깨끗이 <u>빨았다</u>.   (   )

4 빨대로 주스를 <u>빨아</u> 먹었더니 순식간에 다 마셨다.   (   )

15 타다

	표현	단어 뜻	예문
1	말을 **타다**	탈것이나 짐승의 등 따위에 몸을 얹다.	• 장수가 말을 타고 달리고 있어요. • 버스를 타고 놀이동산에 갈 거예요.
2	나무를 **타다**	도로, 줄, 산, 나무 따위를 밟고 오르거나 그것을 따라 지나가다.	• 원숭이는 나무를 잘 탄다. • 저 암벽 등반가는 산을 잘 타네요.
3	틈을 **타다**	어떤 조건이나 시간, 기회 등을 이용하다.	• 경비가 허술한 틈을 타서 도망가자. • 아이들은 야밤을 타 닭서리를 했어요.
4	바람을 **타다**	바람이나 물결, 전파 따위에 실려 퍼지다.	• 연이 바람을 타고 하늘로 올라가네요. • 착한 일을 해서 방송을 타게 됐어요.
5	스케이트를 **타다**	바닥이 미끄러운 곳에서 어떤 기구를 이용하여 달리다.	• 어제 스케이트를 타다 넘어졌어요. • 아이들은 미끄럼틀 타는 걸 좋아해요.
6	장작이 **타다**	불씨나 높은 열로 불이 붙어 번지거나 불꽃이 일어나다.	• 벽난로에서 장작이 활활 타고 있어요. • 산불이 나서 산이 활활 타고 있대요.
7	고기가 **타다**	뜨거운 열을 받아 검은색으로 변할 정도로 지나치게 익다.	• 고기가 너무 타서 까맣게 됐어요. • 딴 일을 하는 사이 밥이 타 버렸어요.
8	피부가 **타다**	피부가 햇볕을 오래 쬐어 검은색으로 변하다.	• 땡볕에 얼굴이 새까맣게 탔어요. • 햇볕에 타니 손발이 구릿빛이 되네요.
9	속이 **타다**	마음이 몹시 조급해지다.	• 속이 타서 더 이상 기다릴 수 없어요. • 입술이 마르고 애간장이 타고 있어요.
10	입술이 **타다**	물기가 없어 바싹 마르다.	• 긴장이 되어 입술이 바짝바짝 타요. • 가뭄으로 농작물이 다 타 버렸어요.

확인 콕콕!!

다음 문장의 밑줄 친 단어의 뜻으로 알맞은 것을 위의 표에서 찾아 해당 번호를 쓰세요.

1 고등어 구이가 너무 까맣게 <u>타서</u> 먹지 못했다. ( )

2 소를 <u>탄</u> 농부가 노래를 부르며 논길을 지나고 있었다. ( )

3 낮에 물놀이를 하고 왔더니 얼굴이 <u>타서</u> 허물이 벗겨졌다. ( )

4 우리 아빠와 동생은 <u>파도타기</u>를 하러 바다에 가는 것을 정말 좋아한다. ( )

16 불다

	표현	단어 뜻	예문
1	바람이 **불다**	바람이 일어나서 어느 방향으로 움직이다.	• 오늘은 동풍이 불고 있어요. • 따뜻한 바람이 불어서 기분이 좋네요.
2	축구 바람이 **불다**	유행, 풍조, 변화 따위가 일어나 휩쓸다.	• 남학생 사이에 축구 열풍이 불어요. • 우리 반에 아이돌 춤 바람이 부네요.
3	입김을 **불다**	입을 오므리고 날숨을 내어 보내 입김을 내거나 바람을 일으키다.	• 유리창에 입김을 부니 김이 서렸어요. • 언 손에 따뜻한 입김을 불어 봐요.
4	피리를 **불다**	관악기를 입에 대고 숨을 내쉬어 소리를 내다.	• 피리 부는 사나이를 만났어요. • 나팔수가 나팔을 불며 춤을 췄어요.
5	콧김을 **불다**	코로 날숨을 세게 내어보내다.	• 소가 콧김을 불며 다가왔어요. • 그는 화가 나면 코를 씩씩 불어요.
6	죄를 **불다**	숨겼던 죄나 감추었던 비밀을 사실대로 털어놓다.	• 도둑이 지은 죄를 낱낱이 불었어요. • 그는 고문을 이기지 못하고 적군에게 아는 대로 모두 불고 말았어요.

확인 콕콕!!

다음 문장의 밑줄 친 단어의 뜻으로 알맞은 것을 위의 표에서 찾아 해당 번호를 쓰세요.

1 가수가 하모니카를 <u>불며</u> 노래를 불렀다. ( )

2 콧김을 <u>불어</u> 촛불을 끄는 게임에서 우리가 이겼다. ( )

3 세계 곳곳에 <u>부는</u> 한류 열풍은 좀처럼 식지 않을 것이다. ( )

4 독립운동가는 모진 고문 속에서도 동료들의 이름을 <u>불지</u> 않았다. ( )

	표현	단어 뜻	예문
1	글씨를 **쓰다**	붓, 펜, 연필 등으로 글자의 모양이 이루어지게 하다.	• 연습장에 붓글씨를 쓰고 있어요. • 틀린 문제를 오답 노트에 써 오는 게 숙제야.
2	일기를 **쓰다**	머릿속의 생각을 종이 등에 글로 나타내다.	• 나는 매일 밤 일기를 써요. • 철수가 편지에 뭐라고 썼어요?
3	계약서를 **쓰다**	원서, 계약서 등의 서류를 작성하다.	• 그는 지금 계약서를 쓰고 있어요. • 어제 원서를 쓰느라 밤을 새웠어요.
4	모자를 **쓰다**	모자 따위를 머리에 얹어 덮다.	• 예쁜 모자를 쓴 여인이 걸어가요. • 아빠는 탈모 때문에 가발을 써요.
5	마스크를 **쓰다**	얼굴에 어떤 물건을 걸거나 덮어쓰다.	• 나는 분홍색 마스크를 쓰고 있어요. • 광대가 탈을 쓰고 탈춤을 춘다.
6	우산을 **쓰다**	우산이나 양산 등을 머리 위에 펴 들다.	• 비가 오니 우산을 쓰고 가거라. • 양산을 쓴 할머니가 걸어가시네요.
7	누명을 **쓰다**	사람이 죄나 누명 따위를 가지거나 입게 되다.	• 그는 억울하게 누명을 썼어요. • 누명을 쓴 사람이 결백을 주장하고 있어요.
8	약이 **쓰다**	혀로 느끼는 맛이 한약이나 소태, 씀바귀의 맛과 같다.	• 이 약은 너무 써서 먹기 힘들어요. • 내 입에 커피는 아직 쓰기만 해요.
9	입이 **쓰다**	몸이 좋지 않아서 입맛이 없다.	• 아프고 나니 입맛이 너무 쓰네요. • 입병이 나서 혀가 아프고 입이 써요.

확인 콕콕!!

다음 문장의 밑줄 친 단어의 뜻으로 알맞은 것을 위의 표에서 찾아 해당 번호를 쓰세요.

1 친구의 지갑을 훔쳤다는 누명을 <u>썼다</u>.　　　　　　　　　　　　　　　(　　　　)

2 글에 자기가 생각한 바를 정확히 <u>쓰는</u> 것은 어렵다.　　　　　　　　　(　　　　)

3 씀바귀나물이 어찌나 <u>쓰던지</u> 인상을 쓰면서 먹었다.　　　　　　　　(　　　　)

4 얼굴에 검은 두건을 <u>쓴</u> 괴한 네 명이 은행에 침입해 금고를 털었다.　(　　　　)

18 뜨다

	표현	단어 뜻	예문
1	눈을 **뜨다**	감았던 눈을 벌리다.	• 나는 잠이 깨어 눈을 떴어요. • 동생은 아침 일찍 눈을 떠요.
2	배가 **뜨다**	물속이나 지면 등에서 가라앉거나 내려앉지 않고 물 위나 공중에 있거나 위쪽으로 솟아오르다.	• 배가 물에 뜨니 서서히 움직이기 시작했어요. • 소금쟁이가 물 위에 떠 다니고 있어요.
3	벽지가 **뜨다**	착 달라붙지 않아 틈이 생기다.	• 풀칠이 잘못되어 벽지가 떴어요. • 바닥과 가구 사이가 뜨게 중간에 벽돌을 놓았어요.
4	분위기가 **뜨다**	차분하지 못하고 어수선하게 들떠 가라앉지 않게 되다.	• 교실에 들어가니 분위기가 다소 붕 떠 있는 것처럼 느껴졌어요. • 소풍 생각에 마음이 떠서 공부가 되지 않아요.
5	자리를 **뜨다**	다른 곳으로 가기 위하여 있던 곳에서 다른 곳으로 떠나다.	• 모두 자리에서 뜨지 말고 차분히 기다리세요. • 그는 먹고살 길이 없어 고향을 뜨기로 결심했어요.
6	간장을 **뜨다**	어떤 곳에 담겨 있는 물건을 퍼내거나 덜어내다.	• 엄마는 간장 항아리에서 간장을 뜨고 계셨어요. • 바가지에 물을 떠서 마셨어요.

확인 콕콕!!

다음 문장의 밑줄 친 단어의 뜻으로 알맞은 것을 위의 표에서 찾아 해당 번호를 쓰세요.

1 침대는 벽과 사이가 <u>뜨게</u> 놓아야 한다. ( )

2 냄비에서 국을 <u>뜨다</u> 흘려 발등을 데었다. ( )

3 물체가 물 위에 <u>뜨는</u> 원리는 부력 때문이다. ( )

4 그가 자리를 <u>뜨자</u> 일제히 수군대기 시작했다. ( )

	표현	단어 뜻	예문
1	**차**를 타다	사람이나 짐을 실어 옮기는 자동차, 기차, 전차, 우차, 마차 따위	• 차를 타고 여행을 다녀요. • 오는 길에 차가 고장이 나서 늦었어요.
2	**차**를 마시다	차나무의 어린잎을 달이거나 우린 물	• 대추와 생강을 넣어 끓인 차를 마시면 감기에 좋대요. • 그녀는 손님에게 대접할 차를 내왔어요.
3	제1**차** 세계 대전	'번', '차례'의 뜻을 나타내는 말	• 1914년에 제1차 세계 대전이 일어났어요. • 한 달 동안 우리는 아이스크림 가게를 수십 차 방문했어요.
4	2년 **차**	주기나 경과의 해당 시기를 나타내는 말	• 우리 큰형은 회사에 들어간 지 2년 차라 휴가를 며칠 낼 수 있대요. • 이모는 임신 4주 차라 조심조심 걸어 다녀요.
5	가려던 **차**	어떠한 일을 하던 기회나 순간	• 잠이 막 들려던 차에 전화가 왔어요. • 당신을 만나러 가려던 차였는데 마침 잘 왔소.

확인 콕콕!!

다음 문장의 밑줄 친 단어의 뜻으로 알맞은 것을 위의 표에서 찾아 해당 번호를 쓰세요.

1 그 배우는 인터뷰만 수십 <u>차</u> 했다. ( )

2 밥을 먹으려던 <u>차</u>에 친구가 와서 그냥 나왔다. ( )

3 레몬<u>차</u>는 맛도 좋지만 비타민이 풍부해 감기 예방에도 좋다. ( )

4 내 동생은 <u>차</u>만 타면 멀미를 해서 <u>차</u> 타기 전에 꼭 멀미약을 먹는다. ( )

20 | 벌

	표현	단어 뜻	예문
1	**벌**을 받다	잘못하거나 죄를 지은 사람에게 주는 고통	• 죄인에게 엄중한 벌을 내려 주시기 바랍니다. • 우리 학교는 학생들에게 상과 벌을 적절히 주어요.
2	**벌**에 쏘이다	꿀벌과의 곤충	• 벌에 쏘인 자리가 부어올라요. • 여왕벌과 수벌은 새끼를 치는 일만 하고 일벌이 꿀을 따다 날라요.
3	옷 한 **벌**	옷이나 그릇 따위가 두 개 또는 여러 개 모여 갖추는 덩어리, 옷을 세는 단위	• 명절에 옷 한 벌을 선물받았어요. • 철물점에서 공구 몇 벌을 샀어요.
4	넓은 **벌**	넓고 평평하게 생긴 땅	• 걸어도 걸어도 황량한 벌이 계속되니 우리는 지치고 말았어요. • 계백 장군은 넓은 벌 동쪽 끝으로 말을 달렸어요.

확인 콕콕!!

다음 문장의 밑줄 친 단어의 뜻으로 알맞은 것을 위의 표에서 찾아 해당 번호를 쓰세요.

1 말<u>벌</u>의 침은 독이 많아 쏘이면 큰일이다. ( )

2 죄를 지은 사람이 <u>벌</u>을 받는 것은 당연하다. ( )

3 그는 끝없이 펼쳐진 넓은 <u>벌</u>을 바라보며 깊은 생각에 잠겼다. ( )

4 신부는 결혼식에 입을 흰색 드레스와 분홍색 드레스 두 <u>벌</u>을 골랐다. ( )

21 비

	표현	단어 뜻	예문
1	**비**가 오다	대기 중의 수증기가 높은 곳에서 찬 공기를 만나 식어서 엉기어 땅 위로 떨어지는 물방울	• 나는 비가 오나 눈이 오나 줄넘기를 해요. • 전쟁터에서는 총알이 비 오듯이 날아와요.
2	**비**로 쓸다	먼지나 쓰레기를 쓸어 내는 기구	• 나는 교실 청소할 때 비질 담당이야. • 마당을 쓸려고 커다란 대나무 비를 구입했어요.
3	**비**를 세우다	사적이나 죽은 이를 기념하기 위하여 돌이나 쇠붙이, 나무 따위에 글을 새기어 세워 놓은 것	• 할아버지 산소에 비를 세웠어요. • 영웅의 업적을 글로 새겨 비를 세우고 기념하고 있어요.
4	농도의 **비**	'비율'의 뜻을 나타내는 말	• 과학 시간에 소금물의 농도비를 측정했어요. • 물질의 혼합비를 계산해 보았어요.

확인 콕콕!!

다음 문장의 밑줄 친 단어의 뜻으로 알맞은 것을 위의 표에서 찾아 해당 번호를 쓰세요.

1 나는 <u>비</u>로 방과 거실을 쓸었다. ( )

2 오늘은 하루 종일 부슬부슬 <u>비</u>가 내리고 있다. ( )

3 그의 업적을 기리고 기념하기 위해 <u>비</u>를 세웠다. ( )

4 구도를 잡으려면 가로세로 <u>비</u>를 잘 맞추어야 한다. ( )

22 | 세다

	표현	단어 뜻	예문
1	힘이 **세다**	힘이 많다.	• 철이는 나보다 힘이 훨씬 세요. • 투수가 공을 세게 던져 삼진 아웃이 됐어요.
2	숫자를 **세다**	사물의 수효를 헤아리거나 꼽다.	• 숫자를 다 셀 때까지 눈을 감아요. • 돈을 세고 나서 꼭 손을 씻어야 해요.
3	고집이 **세다**	행동하거나 밀고 나가는 기세 따위가 강하다.	• 그는 정말 고집이 세네요. • 내 동생은 뚝심이 세요.
4	바람이 **세다**	물, 불, 바람 따위의 기세가 크거나 빠르다.	• 오늘은 바람이 엄청 세게 부네요. • 개울 물살이 너무 세서 못 건너요.
5	경쟁률이 **세다**	능력이나 수준 따위의 정도가 높거나 심하다.	• ○○대학교는 경쟁률이 매우 세요. • 전학 간 학교는 텃세가 세서 적응하기가 너무 어려워요.
6	집터가 **세다**	운수나 터 따위가 나쁘다.	• 이 집은 터가 세다고 소문이 났어요. • 팔자가 센 사람은 평범하게 살기 어렵다고 하네요.
7	머리가 **세다**	머리카락이나 수염 따위의 털이 희어지다.	• 마녀는 머리가 하얗게 세고 말았어요. • 허옇게 센 긴 머리를 한 사람이 내 앞으로 걸어오는 꿈을 꿨어요.

확인 콕콕!!

다음 문장의 밑줄 친 단어의 뜻으로 알맞은 것을 위의 표에서 찾아 해당 번호를 쓰세요.

1 아이가 사탕의 개수를 <u>세고</u> 있다. ( )

2 그는 바둑 실력이 <u>세서</u> 겨룰 사람이 없다. ( )

3 이 집은 터가 <u>세서</u> 귀신이 산다고 소문이 났다. ( )

4 헐크는 힘이 워낙 <u>세서</u> 악당을 모두 물리칠 수 있었다. ( )

23 지다

	표현	단어 뜻	예문
1	해가 **지다**	해나 달이 서쪽으로 넘어 가다.	• 영주는 해 질 녘이면 뒷산에 올라 해가 지는 것을 바라보았어요. • 달은 이미 서산에 졌어요.
2	짐을 **지다**	물건을 짊어서 등에 얹다.	• 등에 짐을 가득 진 남자가 돌아다니고 있어요. • 농부가 지게를 지고 걸어가요.
3	게임에 **지다**	내기나 시합, 싸움 따위 에서 재주나 힘을 겨루어 상대에게 꺾이다.	• 꼬마는 게임에 진 것이 분해서 눈물을 흘렸어요. • 그는 재판에서 진 뒤 감옥에 갔어요.
4	바람을 **지다**	무엇을 뒤쪽에 두다.	• 그는 바람을 등에 지고 달렸어요. • 여름에는 해를 지고 걸어야 해요.
5	그늘이 **지다**	어떤 현상이나 상태가 이루어지다.	• 나무 아래에 그늘이 져서 시원해요. • 주스를 쏟아서 옷에 얼룩이 졌네요.
6	책임을 **지다**	책임이나 의무를 맡다.	• 사람은 자신이 한 말에 반드시 책임을 져야 해요. • 우리는 국민의 의무를 지고 있어요.
7	꽃이 **지다**	꽃이나 잎 따위가 시들어 떨어지다.	• 꽃이 지는 것을 보면 왠지 슬퍼요. • 낙엽이 지며 가을도 가고 있어요.
8	때가 **지다**	묻었거나 붙어 있던 것이 닦이거나 씻겨 없어지다.	• 운동화에 묻은 때가 말끔히 졌어요. • 흰옷에 묻은 얼룩이 잘 안 지네요.
9	원수 **지다**	어떤 좋지 아니한 관계가 되다.	• 나와 무슨 원수가 졌다고 이렇게 못살게 구니? • 친구와 원수를 진 관계가 되었어요.

확인 콕콕!!

다음 문장의 밑줄 친 단어의 뜻으로 알맞은 것을 위의 표에서 찾아 해당 번호를 쓰세요.

1 마음에 그늘이 <u>지면</u> 우울증이 생길 수 있다.   (   )

2 단풍잎이 빨갛게 예뻤는데 어느새 <u>지고</u> 말았다.   (   )

3 어깨에 가득 보따리를 <u>짊어진</u> 사람들이 가게로 들어왔다.   (   )

4 나는 바다에서 해가 <u>지는</u> 모습을 바라보는 것을 좋아한다.   (   )

24 맡다

	표현	단어 뜻	예문
1	역할을 **맡다**	어떤 일에 대한 책임을 지고 담당하다.	• 우리 담임 선생님은 학생 부장 역할을 맡고 계셔서 좀 무서워요. • 아무리 작은 일이라도 맡은 일에는 최선을 다해야 해요.
2	허락을 **맡다**	면허나 증명, 허가, 승인 따위를 얻다.	• 부모님께 친구와 영화를 보고 와도 된다는 허락을 맡았어요. • 남아서 숙제를 한 뒤 검사를 맡고 집에 왔어요.
3	자리를 **맡다**	자리나 물건 따위를 차지하다.	• 오늘은 사람이 많아서 도서실에서 자리를 맡지 못했어요. • 영지는 일찍 와서 내 자리까지 항상 맡아 주는 참 고마운 친구예요.
4	냄새를 **맡다**	코로 냄새를 느끼다.	• 강아지가 냄새를 맡고 돌아다녀요. • 엄마는 외가에 가서 흙냄새를 맡으면 기분이 좋아지신대요.
5	낌새를 **맡다**	어떤 일의 낌새를 눈치채다.	• 형사님은 그의 말투와 행동에서 그가 범인이라는 냄새를 맡았대요. • 내 동생은 내가 친구들과 게임만 하면 용케 냄새를 맡고 와요.
6	가방을 **맡다**	어떤 물건을 받아 보관하다.	• 여행을 가면 나는 친구들의 가방을 맡아 두는 역할을 담당해요. • 네 책은 내가 맡아 가지고 있을게.

확인 콕콕!!

다음 문장의 밑줄 친 단어의 뜻으로 알맞은 것을 위의 표에서 찾아 해당 번호를 쓰세요.

1 나는 친구와 놀겠다고 엄마께 허락을 <u>맡았다</u>.   (   )

2 성희는 모둠장을 <u>맡더니</u> 모둠 활동에 솔선수범했다.   (   )

3 도서관에 일찍 도착한 친구가 내 자리도 <u>맡아</u> 주었다.   (   )

4 기차역에서 어떤 할머니가 승무원에게 짐을 <u>맡기고</u> 사라지셨다.   (   )

25 오르다

	표현	단어 뜻	예문
1	산에 **오르다**	사람이나 동물 등이 아래에서 위쪽으로 움직여 가다.	• 산 정상에 오르니 성취감과 뿌듯함이 가슴 가득 차올랐어요. • 지아는 마음이 울적할 때면 옥상에 올라 하늘을 바라보았어요.
2	왕위에 **오르다**	지위 또는 신분 등을 얻게 되다.	• 수양대군은 조카인 단종을 폐위하고 왕위에 올라 세조가 되었어요. • 평민이 과거 급제 후 벼슬길에 오르면 신분 상승을 할 수 있어요.
3	배에 **오르다**	탈것에 타다.	• 배에 오르기 전에 표를 사야 해요. • 그가 기차에 오른 것은 한밤중이 되어서였어요.
4	물가가 **오르다**	값, 수치 등이 높아지다.	• 물가가 올라 살기가 힘들대요. • 이번 달부터 전기 요금이 오른다고 엄마가 걱정을 많이 하세요.
5	열이 **오르다**	온도, 성적 등이 높아지다.	• 감기에 걸려 열이 많이 올랐어요. • 1차 고사에 비해 2차 고사 성적이 많이 올랐어요.
6	살이 **오르다**	몸 등에 살이 많아지다.	• 지은이는 얼굴에 살이 오르니 귀여워 보여요. • 엉덩이에 뒤룩뒤룩 살이 올랐어요.
7	식탁에 **오르다**	식탁이나 도마 등에 놓이다.	• 식탁 위에 모처럼 갈비가 올라왔네요. • 고등어가 도마에 올라 칼질을 기다리고 있어요.

확인 콕콕!!

다음 문장의 밑줄 친 단어의 뜻으로 알맞은 것을 위의 표에서 찾아 해당 번호를 쓰세요.

1 기온이 너무 <u>올라</u> 냉방기 사용량이 늘었다.　　　　　　　　　（　　　　）

2 비행기에 <u>오르자마자</u> 배가 아파서 화장실에 갔다.　　　　　　（　　　　）

3 봄에는 밥상 위에 초록색 나물들이 많이 <u>올라온다.</u>　　　　　　（　　　　）

4 별을 보기 위해 옥상으로 가는 사다리를 타고 <u>오르기</u> 시작했다.　（　　　　）

26 발

	표현	단어 뜻	예문
1	**발**이 크다	사람이나 동물의 다리 맨 끝부분	• 영철이는 발이 300mm로 정말 커요. • 남자아이가 축구공을 발로 차며 놀고 있어요.
2	**발**을 내리다	가늘고 긴 대를 줄로 엮거나, 줄 따위를 여러 개 나란히 늘어뜨려 만든 물건	• 여름에는 문에 발을 늘어뜨리고 지내요. • 이모가 예쁜 실로 발을 짜고 있어요.
3	총 한 **발**	총알, 포탄, 화살 따위를 세는 단위	• 군인은 총 한 발을 맞고 쓰러졌어요. • 포탄 한 발이 터져 많은 사람이 다쳤어요.
4	**발**이 빠르다	'걸음'을 비유적으로 이르는 말	• 그는 어찌나 발이 빠른지 언제나 사람들보다 한참을 앞서 걸어요. • 누군가 부르는 소리에 길을 가다가 발을 멈추고 뒤돌아보았어요.
5	**발**을 끊다	오가지 않거나 관계를 끊다.	• 나는 이제부터 게임방에 발을 끊고 공부에 전념하기로 마음먹었어요. • 그는 우리 집에 발을 끊었어요.
6	**발**이 넓다	아는 사람이 많음. 즉 인맥이 넓다.	• 형은 발이 넓어 친구가 많아요. • 우리 아빠는 발이 넓으셔서 거래처가 많아 사업이 잘되신대요.

확인 콕콕!!

다음 문장의 밑줄 친 단어의 뜻으로 알맞은 것을 위의 표에서 찾아 해당 번호를 쓰세요.

1 나는 발볼이 넓어서 신발 앞 부분이 큰 신발만 신는다. ( )

2 도망가는 도둑의 발이 어찌나 빠른지 놓치고 말았다. ( )

3 손님이 문에 쳐진 발을 들어올리고 안으로 들어왔다. ( )

4 우리 집에 자주 오던 누나 친구가 갑자기 발을 뚝 끊었다. ( )

27 배

	표현	단어 뜻	예문
1	**배가 아프다**	사람이나 동물의 몸에서 위장, 창자, 콩팥 따위의 내장이 들어 있는 곳으로 가슴과 엉덩이 사이의 부위	• 점심을 먹지 못해 배가 많이 고파요. • 나는 배를 깔고 엎드려 자는 습관이 있어요.
2	**배를 먹다**	배나무의 열매	• 배를 깎아서 맛있게 먹었어요. • 나는 물이 많고 단 배를 좋아해요.
3	**배가 뜨다**	사람이나 짐 따위를 싣고 물 위로 떠다니 도록 나무나 쇠 따위 로 만든 물건	• 태풍 때문에 배가 뜨지 못했대요. • 아침부터 배 한 척이 바다 한가운데 떠 있어요.
4	**배로 오르다**	어떤 수나 양을 두 번 합한 만큼	• 엄마께서 물가가 배로 올랐다고 장보기가 무섭다고 하세요. • 인터넷 속도가 두 배로 빨라졌어요.
5	**배를 하다**	두 손을 가슴 아래에 모으고 허리를 굽히 며 하는 절	• 설날에 웃어른께 인사로 하는 절을 세배라고 해요. • 신하가 임금에게 절하고 뒤로 물러나면서 정중히 배를 했어요.
6	**배가 불룩하다**	긴 물건 가운데의 볼록한 부분	• 이 돌기둥은 배가 불룩하네요. • 항아리 배가 너무 불룩하면 옮기기가 어려워요.

확인 콕콕!!

다음 문장의 밑줄 친 단어의 뜻으로 알맞은 것을 위의 표에서 찾아 해당 번호를 쓰세요.

1 배와 생강을 달인 물은 목감기에 좋다.   (   )

2 공공요금이 0.5배 이상 오른다는 기사를 읽었다.   (   )

3 사람들이 탑 앞에서 두 손을 모아 배를 하고 있다.   (   )

4 엄마가 아기의 배를 어루만지며 자장가를 불러 주셨다.   (   )

28 아침

	표현	단어 뜻	예문
1	**아침** 해가 뜨다	날이 새면서 오전 반 나절쯤까지의 동안	• 나는 아침 일찍 일어나는 편이에요. • 내일 아침에는 등산을 갈 거예요.
2	**아침**을 먹다	아침에 끼니로 먹는 음식이나 끼니를 먹는 일	• 너 아침 먹었니? • 현수는 아침을 거르고 등교를 해요.

확인 콕콕!!

다음 문장의 밑줄 친 단어의 뜻으로 알맞은 것을 위의 표에서 찾아 해당 번호를 쓰세요.

1 아침을 든든히 먹어야 힘이 난다.   (   )

2 나도 오늘부터 아침형 인간이 되기로 했다.   (   )

3 아침 햇살이 창문을 넘어 방 안에 가득 들어왔다.   (   )

4 우리 반 친구들 중 절반은 아침을 안 먹고 학교에 온다.   (   )

29 절

	표현	단어 뜻	예문
1	**절**에 가다	승려가 불상을 모시고 불도(佛道)를 닦으며 교법을 펴는 집	• 엄마는 4월 초파일에 절에 가신대요. • 합천 해인사는 팔만대장경이 보관되어 있는 절이에요.
2	**절**을 하다	남에게 공경하는 뜻으로 몸을 굽혀 하는 인사	• 요즘은 어른에게 절을 하는 문화가 없어졌어요. • 엎드려 절을 하는 사람을 보았어요.

확인 콕콕!!

다음 문장의 밑줄 친 단어의 뜻으로 알맞은 것을 위의 표에서 찾아 해당 번호를 쓰세요.

1 우리나라 <u>절</u>의 대부분은 산속에 위치하고 있다. ( )

2 우리 할아버지는 우리를 보면 꼭 <u>절</u>을 하라고 하신다. ( )

3 신혼여행을 다녀온 고모와 고모부가 할머니께 <u>절</u>을 했다. ( )

4 불국사와 해동용궁사는 국내외 관광객이 많이 찾는 <u>절</u>이다. ( )

30 밤

	표현	단어 뜻	예문
1	**밤**이 되다	해가 져서 어두워진 때부터 다음 날 해가 떠서 밝아지기 전까지의 동안	• 밤 10시가 되니 눈이 절로 감겨요. • 그날 밤 비가 엄청나게 내렸어요.
2	**밤**을 따다	밤나무의 열매	• 삶은 밤 한 톨을 입에 넣었어요. • 그는 밤을 따고 까는 기술이 좋아요.

확인 콕콕!!

다음 문장의 밑줄 친 단어의 뜻으로 알맞은 것을 위의 표에서 찾아 해당 번호를 쓰세요.

1 산에서 헤매다 보니 <u>밤</u>이 되었다. ( )

2 가족끼리 주말농장에 <u>밤</u>을 따러 갔다. ( )

3 공주에는 <u>밤</u>나무가 많아 밤이 특산물이다. ( )

4 뱀파이어는 <u>밤</u>이 되면 관에서 나와 거리를 돌아다녔다. ( )

도전! 맞춤법 퀴즈

※ 다음 중 밑줄 친 단어가 <u>다른</u> 의미로 쓰인 것을 고르고, 고른 이유를 쓰세요.

1 ① 내 동생은 <u>김</u>에다 밥 싸 먹는 것을 좋아한다.
② 너무 추워서 숨 쉴 때마다 입에서 <u>김</u>이 나온다.
③ 칼국수에 <u>김</u>을 잘라 넣어 먹으면 짭조름하니 맛있다.

(②   ) → <u>모두 먹는 '김'을 말하는데, ②는 입에서 나오는 기운을 말하고 있다.</u>

2 ① 내 동생은 앞<u>머리</u>가 너무 길어서 눈을 덮는다.
② 엄마는 내가 <u>머리</u>가 좋아 공부를 잘한다고 하신다.
③ 지능범들은 자신의 <u>머리</u>를 왜 나쁜 일에 쓰는지 모르겠다.

(   ) → _____

3 ① 여러 명이 방귀를 뀌었는지 교실에 방귀 냄새가 가득 <u>찼다</u>.
② 공연장에 사람이 가득 <u>차서</u> 옴짝달싹하지 못하는 상황이 되었다.
③ 폐가에 들어가니 <u>찬</u> 공기가 온몸을 감싸며 금방이라도 귀신이 나올 것만 같았다.

(   ) → _____

4 ① 창문을 열자 집 안 가득 햇빛이 <u>들어</u> 환해졌다.
② 장군이 한 손에는 칼을, 다른 한 손에는 방패를 <u>들고</u> 있다.
③ 엄마는 장바구니를 양손에 <u>들고</u> 입에는 열쇠를 물고 계셨다.

(   ) → _____

5 ① 축구공에 <u>바람</u>이 빠져서 축구를 할 수 없다.
② 아침에 통학 버스를 놓치는 <u>바람</u>에 지각을 했다.
③ 길을 걷다 물웅덩이를 못 보고 밟는 <u>바람</u>에 운동화가 다 젖었다.

(   ) → _____

6 ① 별을 보려고 <u>눈</u>을 들어 하늘을 보니 북두칠성이 보였다.
② 문득 하늘을 바라보니 갑자기 하얀 <u>눈</u>이 내려 깜짝 놀랐다.
③ 비가 내리더니 어느새 <u>눈</u>으로 바뀌어 소복이 쌓이기 시작했다.

(   ) → _____

7　① 제주도에 갔더니 듣던 대로 멋있는 말이 정말 많았다.
　　② 말하는 것을 좋아하는 나는 친구와 수다 떠는 것이 즐겁다.
　　③ 책에서 읽은 '말이 많으면 실수가 많다'는 내용이 인상적이었다.

　　(　　　　) → _____

8　① 나는 학기 초만 되면 이상하게 아침에 배가 많이 아프다.
　　② 19세기 초부터 조선 사회에 변화의 바람이 불기 시작했다.
　　③ 밤새 초를 켜 놓고 잤더니 아침에는 촛농만 남아 있었다.

　　(　　　　) → _____

9　① 나는 그와는 손을 끊어야겠다고 다짐했다.
　　② 엄마는 나와 동생을 할머니 손에 맡기고 떠났다.
　　③ 영화 감독과 연극 감독이 손을 잡고 영화같은 연극을 만들었다.

　　(　　　　) → _____

10　① 짝과 협동하여 손을 묶은 줄을 푸는 게임을 했다.
　　② 눈을 감고 상상을 하니 막혔던 생각이 술술 풀렸다.
　　③ 창의적 글쓰기 시간에 이야기를 풀어 내는 것이 너무 어렵다.

　　(　　　　) → _____

11　① 나는 은근 코가 높아 친구도 골라서 사귀는 편이다.
　　② 그 회사는 보통 경쟁률이 몇 백 대 1로 문턱이 매우 높다.
　　③ 내 친구는 돈도 없으면서 눈만 높아 비싼 것만 마음에 들어 한다.

　　(　　　　) → _____

12　① '마르지 않는 샘물'이란 글을 읽었다.
　　② 햇볕이 너무 좋아서 빨래가 금방 마른다.
　　③ 아무리 가뭄이 들어도 우리 마을 우물은 마르지 않는다.

　　(　　　　) → _____

도전! 맞춤법 퀴즈

13 ① 새끼를 잃어버린 호랑이가 정말 슬프게 <u>울었다</u>.
② 울고 있는 아이를 달래기 위해 막대 사탕을 주었다.
③ 우리나라가 월드컵 4강 진출이 확정되자 선수들이 끌어안고 엉엉 <u>울었다</u>.

(　　　) → _____

14 ① 아이가 엄지손가락을 입에 넣고 <u>빨고</u> 있다.
② 나는 주스를 마실 때 꼭 빨대로 <u>빨아</u> 먹는다.
③ 사탕이나 캐러멜은 깨물어 먹는 것보다 <u>빨아</u> 먹는 게 더 맛있다.

(　　　) → _____

15 ① 풍선이 바람을 <u>타고</u> 둥실둥실 떠다닌다.
② 미끄럼틀을 <u>타다</u> 넘어진 아이가 울고 있다.
③ 썰매장에서 썰매를 <u>타려면</u> 반드시 장갑을 끼어야 한다.

(　　　) → _____

16 ① 입김을 <u>불어</u> 안경에 김을 서리게 했다.
② 트럼펫을 <u>부는</u> 악사의 모습이 슬퍼 보였다.
③ 수녀님은 꽁꽁 언 아기의 발을 안고 입으로 호호 <u>불었다</u>.

(　　　) → _____

17 ① 가면을 <u>쓴</u> 사람의 정체가 궁금하다.
② 우리 언니는 글씨를 참 예쁘게 <u>쓴다</u>.
③ 검은색 마스크를 <u>쓴</u> 사내가 내 앞으로 다가왔다.

(　　　) → _____

18 ① 자다가 얼굴에 차가운 기운을 느끼고 눈을 <u>떴다</u>.
② 잠시 자리를 <u>뜬</u> 사이에 내가 앉았던 자리에 다른 이가 앉았다.
③ 마을 주민들과 갈등을 겪던 아저씨는 결국 마을을 <u>뜨고</u> 말았다.

(　　　) → _____

19 ① 내가 발표하려던 차에 선생님께서 나를 시키셨다.

② 우리 아빠는 회사에 입사한 지 10년 차 된 상무님이다.

③ 그를 기다리다 떠나려던 차에 그가 문을 열고 들어왔다.

(   ) → _____

20 ① 전라도를 여행하며 넓은 벌을 많이 보았다.

② 나는 이유 없이 지각한 벌로 유리창을 닦았다.

③ 도스토옙스키가 쓴 〈죄와 벌〉을 읽고 감동을 받았다.

(   ) → _____

21 ① 나는 청소를 안 해 봐서 비질이 서툴다.

② 유관순 열사를 추모하는 비 앞에서 묵념을 했다.

③ 현충원에는 애국선열들의 비가 촘촘하게 세워져 있다.

(   ) → _____

22 ① 손흥민의 공은 너무 세서 골키퍼가 막기 어렵다.

② 그는 고집이 너무 세서 그 누구도 꺾을 수가 없다.

③ 그는 힘이 세서 무거운 것도 다 들어 올리고 옮긴다.

(   ) → _____

23 ① 그는 이번 일에 책임을 지고 회장직에서 물러났다.

② 그 사장님은 항상 무거운 가방을 등에 지고 출근을 한다.

③ 우리 국민이 지고 있는 4대 의무는 국방, 납세, 근로, 교육의 의무이다.

(   ) → _____

24 ① 우리는 학교의 허락을 맡고 콘서트를 보러 갔다.

② 청소 검사를 맡지 않은 친구들이 있어 종례가 늦어졌다.

③ 나는 이번 학기에 학급 반장을 맡아 학급을 위해 일한다.

(   ) → _____

도전! 맞춤법 퀴즈

25 ① 남산에 올라 케이블카를 타니 기분이 상쾌하다.
② 그가 열차에 <u>오르자</u> 배웅 나온 친구들이 손을 흔들었다.
③ 우리가 버스에 <u>오르기도</u> 전에 차가 출발해 다칠 뻔했다.

(   ) → _____

26 ① 그는 발이 넓어 인맥이 아주 많다.
② 그는 발등이 높아서 한 사이즈 큰 신발을 신는다.
③ 발자국이 엄청 큰 것으로 보아 곰의 <u>발도</u> 매우 클 것이다.

(   ) → _____

27 ① 태풍 때문에 과일값이 세 <u>배</u>나 올랐다.
② 며칠째 강풍이 불어 <u>배</u>가 뜨지 못하고 있다.
③ 컴퓨터를 바꿨더니 인터넷 속도가 몇 <u>배</u>는 빨라졌다.

(   ) → _____

28 ① <u>아침</u>에 산에 올라 해가 뜨는 것을 보았다.
② 우리 반은 내일부터 <u>아침</u> 독서를 하기로 했다.
③ 책을 읽느라 밤을 샜더니 <u>아침</u>이 들어가지 않는다.

(   ) → _____

29 ① 아이가 두 손을 모으고 엎드려 <u>절</u>을 한다.
② 공주에 가면 동학사라는 유명한 <u>절</u>이 있다.
③ 나는 <u>절</u>에서 먹는 비빔밥을 아주 좋아한다.

(   ) → _____

30 ① <u>밤</u>나무 꽃에서 채취한 꿀은 갈색이다.
② 엄마가 <u>밤</u>을 삶아 주셨는데 달고 맛있었다.
③ <u>밤</u>하늘의 별을 보며 모닥불에 구워 먹는 감자는 꿀맛이다.

(   ) → _____

Chapter
6

알쏭달쏭
너무 헷갈려요! 1
중학교 국어 교과서와
시험에 꼭 나오는 맞춤법!

<table>
<tr><td>1</td><td>김치찌게
vs
김치찌개</td><td>엄지: 나는 우리 엄마가 해 주는 김치찌개가 제일 맛있더라.
승혜: 엄지야, 그런데 김치찌개, 마지막에 '어이'로 써야 하는 거 아니야?</td></tr>
</table>

김치찌게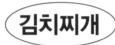

 찌개는 뚝배기나 작은 냄비에 국물을 조금 적어 묽지 않게 잡아 고기 · 채소 · 두부 따위를 넣고, 간장 · 된장 · 고추장 · 젓국 따위를 쳐서 갖은양념을 하여 끓인 반찬을 말해요.

 '김치를 넣고 끓인 찌개'를 일컫는 이 말의 표준어는   입니다.

<table>
<tr><td>2</td><td>주꾸미
vs
쭈꾸미</td><td>엄마: 쭈꾸미는 봄이 제철이지. 오늘 저녁에 쭈꾸미볶음 해 먹을까?
주혜: 엄마, 쭈꾸미가 아니라 주꾸미가 맞는 말 아니에요?</td></tr>
</table>

 **주꾸미**    **쭈꾸미**

잠깐   된소리로 소리 내는 경향에 따라 [주]를 [쭈]로 발음하다 보니 '쭈꾸미'로 적는 실수를 하죠.

 '문어과 연체동물'을 일컫는 이 말의 표준어는   입니다.

3	떡볶이 vs 떡볶기	엄마: 민지야, 간식으로 떡볶기 해 줄까? 민지: 좋아요. 그런데 엄마, 떡볶기가 아니라 떡볶이가 맞는 말 아니에요?

떡볶이  떡볶기

 '떡'과, '볶다'의 어간 '볶-' 뒤에 명사를 만드는 접미사 '-이'가 붙은 '볶이'가 결합하여 만들어진 말이므로 '떡볶이'로 적어야 해요.

 '가래떡을 적당한 크기로 잘라 여러 가지 채소를 넣고 양념하여 볶은 음식'을 일컫는 이 말의 표준어는   입니다.

4	곰곰이 vs 곰곰히	순재: 내가 곰곰이 생각해 봤는데, 숙제 먼저 하고 노는 게 좋겠어. 지혜: 내 생각도 그래. 그런데 곰곰이가 아니라 곰곰히가 맞는 말이지?

곰곰이  곰곰히

 '곰곰'에 '-이'가 붙어서 된 '곰곰이'는 [곰고미]로 소리 나기 때문에 '곰곰이'로 적어요.

 '여러모로 깊이 생각하는 모양'을 나타내는 이 말의 표준어는   입니다.

<table>
<tr><td>

5

</td><td>

눈꼽
vs
눈곱

</td><td>

엄마: 예지야, 눈곱이라도 좀 떼고 나가야지.
예지: 알았어요. 그런데 엄마, 눈꼽과 눈곱 중 어느 것이 맞는 말일까요?

</td></tr>
</table>

눈꼽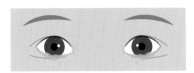

 둘 이상의 단어가 어울려 이루어진 말은 각각 그 원형을 밝히어 적는다는 원칙에 따라 '눈'과 '곱'이 어울려 이루어진 '눈곱'으로 적어요.

 '눈에서 나오는 진득진득한 액, 또는 그것이 말라붙은 것'을 일컫는 이 말의 표준어는

⬜⬜⬜⬜ 입니다.

<table>
<tr><td>

6

</td><td>

우유갑
vs
우유곽

</td><td>

용재: 순혜야, 선생님께서 우유곽도 재활용한다고 하셨지?
순혜: 응. 그런데 우유곽이라고 하나? 우유갑 아닌가?

</td></tr>
</table>

  우유곽

 우유를 담아 두는 갑(상자)의 규범 표기는 '우유갑'이에요.

 '우유를 담는 용기'를 나타내는 이 말의 표준어는 ⬜⬜⬜⬜⬜ 입니다.

7	깨끗이 vs 깨끗히	엄마: 정아야, 네 방 좀 깨끗이 청소해. 정아: 알았어요. 그런데 엄마, 깨끗히가 아니라 깨끗이가 맞는 말이에요?

  깨끗히

 [깨끄치]로 발음하거나 '깨끗히'로 쓰는 경향이 있는데,
이 말은 항상 [깨끄시]로 발음하고 '깨끗이'로 적어요.

 '사물이 더럽지 않게 하다'라는 이 말의 표준어는   입니다.

8	배개 vs 베개	순영: 지영아, 나는 푹신한 배개가 있어야 잠이 잘 오는데 너는 어때? 지영: 나도 그래. 근데 배개가 아니라 베개가 맞는 말 아닌가?

배개  베개

 동사 '베다'와 접미사 '-개'가 결합한 말이에요. '베개'의 의미로
'벼개'를 쓰는 경우가 있으나 '베개'가 표준어예요.

 '잠을 자거나 누울 때에 머리를 괴는 물건'을 이르는 이 말의 표준어는
입니다.

9 | 심난한 vs 심란한

경재: 명혜야, 무슨 일 있니? 표정이 왜 이렇게 심란해 보이지?
명혜: 잘 모르겠어. 왠지 모르게 그냥 마음이 심난? 심란? 하네. 뭐가 맞지?

심난한

심란한

 잠깐 '심난하다'는 형편이나 처지 등이 매우 어렵다는 뜻이고, '심란하다'는 마음이 어수선하다는 뜻이에요.

 '마음이 어수선하다'는 뜻을 나타내는 이 말의 표준어는   입니다.

10 | 네비게이션 vs 내비게이션

용호: 유진아, 차량 네비게이션은 이렇게 쓰는 게 맞지?
유진: 네비게이션이 아니라 내비게이션이 맞는 말인 것 같은데?

네비게이션

내비게이션

 잠깐 영어 navigation의 한국어 표기는 '내비게이션'이에요. 그런데 국립국어원에서는 '내비게이션'을 '길도우미'로 순화하여 쓰자고 홍보하고 있어요.

 '지도를 보이거나 지름길을 찾아 주어 자동차 운전을 도와주는 장치나 프로그램'을 나타내는 이 말은 외래어 표기법에 따라   으로 표기합니다.

다음 문장의 빈칸에 알맞은 말을 골라 써 보세요.

1 엄마가 해 주신 햄을 넣은 _____는 정말 맛있다.

김치찌게 　김치찌개

2 우리 아빠는 _____ 볶음을 아주 좋아하신다.

주꾸미 　쭈꾸미

3 학교 끝나고 친구들과 먹는 _____는 꿀맛이다.

떡볶이 　떡볶기

4 버스 안에서 _____ 생각에 잠긴 친구를 보았다.

곰곰이 　곰곰히

5 내 짝꿍은 항상 눈에 _____이 끼어 있어 보기 싫다.

눈꼽 　눈곱

6 이 우유는 _____이 예뻐서 아이들에게 잘 팔린다.

우유곽 　우유갑

7 나는 점심시간에 항상 식판을 _____ 비우는 편이다.

깨끗이 　깨끗히

8 엄마께서 푹신한 _____를 사 주셔서 요즘 꿀잠을 잔다.

베개 　배개

9 집에 가니 동생이 _____ 표정으로 나를 바라보았다.

심난한 　심란한

10 _____이 나온 뒤로 길치들이 많아졌대.

내비게이션 　네비게이션

11	설거지 vs 설겆이	*아빠:* 오늘 저녁 설겆이는 약속대로 용현이가 하자. *용현:* 알았어요, 아빠. 그런데 설겆이가 아니라 설거지 아니에요?

설거지

설겆이

 잠깐 '설겆이'는 '설거지'의 옛말이에요. 따라서 '설거지'만 표준어로 삼아요.

 '먹고 난 뒤의 그릇을 씻어 정리하는 일'을 일컫는 이 말의 표준어는 　　　　　　　　입니다.

12	일찌기 vs 일찍이	*현수:* 우리 할아버지께서는 일찌기 사업에 성공하셔서 부자가 되었대. *지혜:* 잠깐만, 일찌기? 일찍이? 어떤 말이 맞는 말이지?

일찌기

일찍이

 잠깐 '일찍'에 부사형 접미사 '이'가 붙어서 만들어진 말이에요. 따라서 '일찍이'로 표기하는 것이 맞아요. '일찌기'는 틀린 표기랍니다.

 '일정한 시간보다 이르게'란 뜻을 갖는 이 말의 표준어는 　　　　　　　　입니다.

 13 | 발자국
vs
발자욱

아영: 민수야, 눈이 많이 왔어. 운동장에서 발자욱 놀이 하자.
민수: 좋아. 그런데 아영아, 발자욱이 아니라 발자국이 맞는 말 아니야?

발자국 발자욱

잠깐 '발자국'의 의미로 '발자귀, 발자욱'을 쓰는 경우도 있는데, '발자국'이 표준어이니 꼭 '발자국'이라고 적어야 해요.

 '발로 밟은 자리에 남은 모양'을 일컫는 이 말의 표준어는   입니다.

 14 | 무릅
vs
무릎

영재: 나 오늘 체육 시간에 달리다가 넘어져서 무릅이 깨졌어.
혜미: 많이 아팠겠다. 무릅이 아니라 무릎을 다쳤다는 말이지?

무릅 무릎

잠깐 '힘들고 어려운 일을 참고 견디다'라는 뜻의 '무릅쓰다'는 '무릅'으로 표기하니 이 또한 알아 두면 좋겠지요.

 '넙다리와 정강이의 사이에 앞쪽으로 둥글게 튀어나온 부분'을 나타내는 이 말의 표준어는

          입니다.

15	애띤 vs 앳된	성주: 민결아, 은정이는 또래보다 애띤 얼굴이지 않니? 민결: 그런가? 그런데 애띤이 아니라 앳된이 맞는 말 아닌가?

애띤　　　　　　　　　　앳된

 '애띠다'는 '앳되다'의 충청도 방언이에요. '앳되다'가 표준어이니 '앳된' 얼굴로 적어요.

 '애티가 있어 어려 보인다'는 뜻을 갖는 이 말의 표준어는 　　　　　　　 입니다.

16	소꿉놀이 vs 소꿉놀이	정아: 언니, 우리 어린 시절에 갖고 놀던 소꿉놀 다 버렸어? 정희: 그랬을 거야. 그런데 소꿉놀이가 아니라 소꿉놀이가 맞는 말일걸?

소꿉놀이　　　　　　　　　　

 '소꿉'은 아이들이 살림살이하는 흉내를 내며 놀 때 쓰는, 자질구레한 그릇 따위의 장난감을 말해요.

 '소꿉을 가지고 노는 아이들의 놀이'를 나타내는 이 말의 표준어는 　　　　　　　 입니다.

17	찰흑 vs 찰흙	수정: 은경아, 오늘 미술 시간에 찰흑으로 어떤 거 만들었어? 은경: 나는 강아지 만들었어. 그런데 찰흑이 맞나? 찰흙 아닌가?

찰흑 **찰흙**

 '찰지다'라는 말의 '찰-'과 '흙'이 결합된 말이므로 '찰흙'으로 적어요.

 '끈기가 있어 차진 흙'을 가리키는 이 말의 표준어는   입니다.

18	딱다구리 vs 딱따구리	순영: 지영아, 우리 반에 딱다구리 소리 잘 내는 애 있다! 지영: 그래? 근데 딱다구리가 아니라 딱따구리가 맞는 말 아냐?

딱다구리  **딱따구리**

 딱따구리는 삼림에 살며 날카롭고 단단한 부리로 나무에 구멍을 내어 그 속의 벌레를 잡아먹는 새예요.

 '딱따구릿과의 새'를 통틀어 이르는 이 말의 표준어는   입니다.

19	깊숙이 vs 깊숙히	경숙: 주혜야, 지리산에 깊숙히 들어가면 여름에도 엄청 추운 계곡이 있대. 주혜: 지리산 깊숙히? 깊숙이가 아니고?

깊숙이

깊숙히

 잠깐 '깊숙이'는 끝음절이 분명히 '-이'로 소리 나는 경우이므로 '깊숙히'로 적지 않고 '깊숙이'로 적어요.

 '위에서 밑바닥까지, 또는 겉에서 속까지의 거리가 멀고 으슥하게'라는 뜻을 나타내는 이 말의 표준어는   입니다.

20	돌멩이 vs 돌맹이	엄마: 유성아, 화분에 놓게 밖에 나가서 돌맹이 몇 개만 주워 오렴. 유성: 네. 그런데 엄마, 돌맹이가 아니고 돌멩이 아닌가요?

돌멩이

돌맹이

 잠깐 '돌멩이'의 의미로 '돌맹이'를 쓰는 경우가 있으나 '돌멩이'만 표준어로 삼아요.

 '돌덩이보다 작은 돌'을 가리키는 이 말의 표준어는   입니다.

다음 문장의 빈칸에 알맞은 말을 골라 써 부세요.

1 오늘 저녁은 내가 엄마 대신 _____를 했다.

설거지   설겆이

2 나는 지각하는 게 싫어서 항상 _____ 학교에 간다.

일찌기   일찍이

3 눈이 와서 걸음을 옮길 때마다 _____이 생겼다.

발자국   발자욱

4 체육 시간에 달리다가 넘어져서 _____을 다쳤다.

무릎   무릅

5 내 짝꿍은 하얀 피부에 _____ 얼굴이 너무 예쁘다.

애띤   앳된

6 어릴 때 친구와 하던 _____가 가끔 생각난다.

소꼽놀이   소꿉놀이

7 갈색 떡 반죽을 보니 미술 시간과 _____이 생각났다.

찰흑   찰흙

8 동물원에 가서 _____를 직접 보니 신기했다.

딱다구리   딱따구리

9 그는 바지 주머니 _____ 손을 넣어 동전을 꺼냈다.

깊숙이   깊숙히

10 우리 동네 놀이터에는 _____가 많아 위험하다.

돌멩이   돌맹이

21 핼쓱하다 vs 핼쑥하다

수지: 아연아, 오늘따라 네 얼굴이 핼쓱해 보이네. 무슨 일 있었어?
아연: 잠을 못 자서 그런가 봐. 그런데 핼쑥하다가 맞는 말 아니야?

핼쓱하다

 '핼쑥'에 '-하다'가 붙어 만들어진 말로 '창백하다, 초췌하다, 파리하다'와 비슷한 말이에요.

 '얼굴에 핏기가 없고 파리하다'는 뜻을 갖는 이 말의 표준어는   입니다.

22 부단이 vs 부단히

아빠: 수재야, 어떤 일에서 성공하려면 부단이 노력해야 한다.
수재: 네. 그런데 아빠, 부단이가 아니라 부단히가 맞는 말 아니에요?

부단이

 [부단히]라고 정확히 발음되기 때문에 '부단히'가 표준어예요.

 '꾸준하게 잇대어 끊임이 없다'는 뜻을 갖는 이 말의 표준어는   입니다.

| 23 | 틈틈이
vs
틈틈히 | 솔지: 민서야, 선생님께서 틈틈히 책을 읽어 두라고 하셨어.
민서: 맞다. 그런데 틈틈히가 맞는 표현인가? 틈틈이가 맞는 말 아닌가? |

  틈틈히

 '틈틈'에 '-이'가 붙어 만들어진 부사이며, 끝음절이 분명히 [이]로 소리 나기 때문에 '틈틈이'로 적어야 해요.

 '겨를이 있을 때마다'를 일컫는 이 말의 표준어는 ⬛⬛⬛⬛⬛ 입니다.

| 24 | 일일이
vs
일일히 | 엄마: 지수야, 책을 한 장 한 장 일일히 넘기며 꼼꼼히 읽어 봐.
지수: 엄마. 그런데 일일히가 아니라 일일이가 맞는 말 아니에요? |

  일일히

 '일일이'도 끝소리가 분명히 [이]로 나므로 '일일이'로 적어요.

 '하나씩 하나씩, 한 사람씩 한 사람씩'이란 뜻을 나타내는 이 말의 표준어는

⬛⬛⬛⬛⬛ 입니다.

25	홀연이 vs 홀연히	서현: 엄마, 이층 손님이 간다는 인사도 없이 홀연이 떠났어요. 엄마: 우리 서현이가 그런 단어도 사용할 줄 아네. 그런데 홀연이와 홀연히 중 어느 것이 맞는 말일까?

홀연이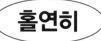

 '홀연히'는 '홀연'에 '-히'가 붙은 말로 끝음절이 정확히 [-히]로
발음되기 때문에 '홀연히'로 적어요.

 '뜻하지 아니하게 갑자기'라는 뜻을 나타내는 이 말의 표준어는 [   ] 입니다.

26	촘촘이 vs 촘촘히	선재: 어, 운동장에 학생들이 촘촘이 늘어서 있어. 무슨 일이지? 경혜: 소방 훈련을 한대. 그런데 촘촘이가 아니고 촘촘히 아닌가?

촘촘이

 '촘촘히'는 '촘촘'에 '-히'가 붙은 말로 끝음절이 정확히 [-히]로
발음되기 때문에 '촘촘히'로 적어요.

 '틈이나 간격이 매우 좁거나 작게'라는 뜻을 나타내는 이 말의 표준어는 [   ]
입니다.

영수: 수미야, 나 이번 중간고사는 정말 열심이 공부해서 잘 볼 거야.
수미: 나도. 그런데 영수야, 열심이가 아니라 열심히가 맞지 않아?

열심이

열심히

잠깐 '열심히'는 끝음절이 분명히 [-히]로 발음되므로 '열심히'로 적어요.

'어떤 일에 온 정성을 다하여 골똘하게'라는 뜻을 갖는 이 말의 표준어는
입니다.

---

28 | 가벼이
vs
가벼히

정희: 혜미야, 우리 1시간을 걸어야 하니까 가방 무게를 가벼히 하자.
혜미: 그러자. 그런데 가벼히가 아니라 가벼이가 맞는 말이지?

가벼이

가벼히

잠깐 '가벼이'는 발음할 때 끝음절이 분명히 [이]로 소리 나므로
'가벼이'로 적어요.

'무게가 일반적이거나 기준이 되는 대상의 것보다 적게'라는 뜻을 나타내는 이 말의 표준어
는   입니다.

29	꼼꼼이 vs 꼼꼼히	민재: 수학 선생님께서 문제를 풀 때는 꼼꼼이 풀어야 한다고 하셨어. 명진: 맞아. 꼼꼼해야 해. 그런데 꼼꼼이가 아니라 꼼꼼히 아닌가?

꼼꼼이  **꼼꼼히**

 부사를 만들 때, 단어 뒤에 '-하다'를 붙여 말이 되면 보통 '-히'로 적어요.
'꼼꼼-하다'도 말이 되므로 '꼼꼼히'로 적어요.

 '빈틈이 없이 차분하고 조심스러운 모양'을 나타내는 이 말의 표준어는
입니다.

30	근근이 vs 근근히	선호: 경진아, 너 '근근히 살아간다'는 말이 무슨 말인지 알아? 경진: 어렵다는 뜻 아냐? 그리고 근근히가 아니라 근근이가 맞는 말 아닌가?

근근이  **근근히**

 '근근이'는 끝음절이 분명히 [이]로 소리 나므로 '근근히'로
적지 않고 '근근이'로 적어요.

 '어렵사리 겨우'라는 뜻을 나타내는 이 말은 로 표기합니다.

다음 문장의 빈칸에 알맞은 말을 골라 써 보세요.

1   결석한 친구의 병문안을 갔는데 얼굴이 _____.

　　　　　　　　　　　　　　　　　　　　　　　　　핼쑥했다　핼쑥했다

2   큰형은 _____ 노력한 덕분에 과학고에 진학했다.

　　　　　　　　　　　　　　　　　　　　　　　　　부단히　부단이

3   그는 공부하는 _____ 취미로 그림도 그렸다.

　　　　　　　　　　　　　　　　　　　　　　　　　틈틈이　틈틈히

4   국회의원 후보가 사람들과 _____ 악수를 했다.

　　　　　　　　　　　　　　　　　　　　　　　　　일일이　일일히

5   홍길동은 집을 나와 구름을 타고 _____ 사라졌다.

　　　　　　　　　　　　　　　　　　　　　　　　　홀연이　홀연히

6   우리 집 정원에는 장미가 _____ 심어져 있다.

　　　　　　　　　　　　　　　　　　　　　　　　　촘촘이　촘촘히

7   엄마와 약속했기 때문에 나는 _____ 공부한다.

　　　　　　　　　　　　　　　　　　　　　　　　　열심히　열심이

8   체급을 맞추기 위해 몸무게를 _____ 하는 중이다.

　　　　　　　　　　　　　　　　　　　　　　　　　가벼이　가벼히

9   나는 책가방과 준비물을 _____ 챙기는 편이다.

　　　　　　　　　　　　　　　　　　　　　　　　　꼼꼼이　꼼꼼히

10 그 노숙자는 하루하루 _____ 살아가고 있었다.

　　　　　　　　　　　　　　　　　　　　　　　　　근근이　근근히

31	덩쿨 vs 넝쿨	순지: 혜선아, 학교 주변에 핀 장미 덩쿨 봤어? 너무 예쁘더라. 혜선: 그래? 나도 보러 가야지. 그런데 덩쿨이 아니라 넝쿨 아니야?

덩쿨  (넝쿨)

> 잠깐 '덩쿨'은 비표준어예요. '넝쿨'이 맞는 말이고 함께 많이 쓰이는 '덩굴'도 맞는 말이에요. 그래서 둘 다 표준어로 인정해요.

'길게 뻗어 나가면서 다른 물건을 감기도 하고 땅바닥에 퍼지기도 하는 식물의 줄기'를 일컫는 이 말의 표준어는   입니다.

32	흉측한 vs 흉칙한	영준: 범인이 그렇게 흉칙한 범죄를 저지르고도 뻔뻔하게 인터뷰를 하더라. 주경: 어제 뉴스 얘기구나. 근데 흉칙한이 아니라 흉측한 아니야?

(흉측한)     **흉칙한**

> 잠깐 '흉측하다'는 몹시 흉악하다는 뜻이에요. '흉악하다'는 성질이 악하고 모질다는 뜻이지요. 따라서 '흉측하다'는 몹시 성질이 악하고 모질다는 뜻이에요.

'몹시 흉악하다'는 뜻을 일컫는 이 말의 표준어는   입니다.

| 33 | 우레
vs
우뢰 | 현이: 태국에서 한국 가수가 노래를 하니 우뢰와 같은 박수가 쏟아졌대.
민수: 큰 박수를 받은 모양이네. 그런데 우뢰와 우레 중 어느 게 맞지? |

우레   우뢰

 '우레'는 '천둥'과 같은 말이에요. 예전에는 '우뢰(雨雷)'로 쓰기도 했는데 이는 우리말 '우레'를 한자어로 잘못 인식하여 적은 것이며 표준어는 '우레'예요.

 '뇌성과 번개를 동반하는 대기 중의 방전 현상'을 일컫는 이 말의 표준어는
입니다.

| 34 | 희안한
vs
희한한 | 희재: 지선아, 나 학교 오는 길에 희안한 표정을 짓는 사람을 보았어.
지선: 어떤 표정이었는데? 희안한이 아니라 희한한 표정이었겠지? |

희안한      희한한

 보통 '희안하다'라고 쓰는 경우가 많은데 '희한하다'가 표준어예요.

 '매우 드물거나 신기하다'는 뜻을 나타내는 이 말의 표준어는 입니다.

35

건들이다
vs
건드리다

엄마: 영지야, 학교에서 친구의 물건을 말없이 건들이지 말렴.
영지: 알았어요, 엄마. 그런데 건들이다와 건드리다 중 뭐가 맞는 말이에요?

건들이다

건드리다

 발음이 비슷해 '건들이다(X)'로 잘못 생각하여 '건들여(X), 건들이지 마(X)'처럼 쓰는 경우를 볼 수 있으나, 이는 모두 잘못된 표기예요.

 '조금 움직일 만큼 손으로 만지거나 무엇으로 댄다'는 뜻을 나타내는 이 말의 표준어는

　　　　　　　 입니다.

초생달
vs
초승달

용재: 순영아, 산 꼭대기에 낫 모양의 초생달이 떠 있어.
순영: 눈썹 모양의 달 말하는 거지? 그건 초생달이 아니고 초승달일걸?

초생달

초승달

 '초승달'은 초승에 뜨는 달로 초저녁에 잠깐 서쪽 지평선 부근에서 볼 수 있어요. 이 단어는 '초생(初生, 갓 생겨남)'과 '달'이 합성해 만들어진 단어지만 '초승달'이 맞는 표기예요.

 '음력 초하루부터 며칠 동안 보이는 달'을 가리키는 이 말의 어법에 맞는 표기는

　　　　　　　 입니다.

37 느긋이 vs 느그시

엄지: 수아야, 나는 뭔가를 기다리는 동안 느그시 있지 못하는 것 같아.
수아: 느그시는 마음이 여유로워야 가능하지. 근데 느긋이 아닌가?

느긋이

느그시

 [느그시]는 '느긋이'를 소리 나는 대로 표기한 거예요.

'마음에 흡족하여 여유가 있고 넉넉한 태도로'라는 뜻을 갖는 이 말의 표준어는

⬛⬛⬛ 입니다.

38 거꾸로 vs 꺼꾸로

가영: 지수야, 너 체육복 꺼꾸로 입은 것 같아.
지수: 급하게 입느라 그랬나 봐. 그런데 꺼꾸로가 아니라 거꾸로 아닌가?

거꾸로

꺼꾸로

 '거꾸로'를 보통 '꺼꾸로'라고 말하기도 하는데 '거꾸로'가 표준어예요.

'차례나 방향, 또는 형편 따위가 반대로 되게'라는 뜻을 나타내는 이 말의 표준어는

⬛⬛⬛ 입니다.

39 방구 vs 방귀

경서: 엄마, 고구마를 많이 먹었더니 방구가 계속 나와요.
엄마: 우리 딸이 고구마 방귀를 뀌는구나. 그런데 방구가 맞나? 방귀인가?

방구 방귀

 표준어는 '방귀'이고, '방구'는 강원, 경기, 경남, 전남, 충청, 평안 지역의 방언이에요.

 '음식물이 배 속에서 발효되는 과정에서 생기어 항문으로 나오는 구린내 나는 무색의 기체' 를 뜻하는 이 말의 표준어는 　　　　　　　　입니다.

40 창피하다 vs 챙피하다

진호: 영진아, 나 아까 국어 시간에 발표하는데 너무 챙피했어.
영진: 챙피했다고? 가만, 창피하다와 챙피하다 중 어느 게 맞는 거지?

창피하다  **챙피하다**

 '창피하다'와 혼동해 '챙피하다'를 쓰는 경우가 있으나 '창피하다'가 표준어이니 잊지 않도록 해요.

 '체면이 깎이는 일이나 아니꼬운 일을 당하여 부끄럽다'는 뜻을 나타내는 이 말의 표준어는 　　　　　　　　입니다.

다음 문장의 빈칸에 알맞은 말을 골라 써 보세요.

1 고속도로 갓길 벽에 담쟁이 _____이 가득했다.

덩쿨   넝쿨

2 영화를 보는데 _____ 괴물이 등장해 놀랐다.

흉측한   흉칙한

3 피아노 연주가 끝나자 _____ 같은 박수가 쏟아졌다.

우뢰   우레

4 내 친구는 _____ 동물들을 수집하는 취미가 있다.

희안한   희한한

5 잠자고 있는 고양이를 _____ 발톱을 내밀었다.

건들이자   건드리자

6 음력 초하루에는 눈썹처럼 생긴 _____을 볼 수 있다.

초승달   초생달

7 나는 항상 _____ 기다리는 자세가 부족한 편이다.

느긋이   느그시

8 심심해서 동생과 단어를 _____ 읽는 놀이를 했다.

꺼꾸로   거꾸로

9 수업 중에 '뿡' 하고 _____ 소리가 나서 모두 웃었다.

방구   방귀

10 길을 가다 친구가 크게 소리를 질러서 너무 _____.

창피했다   챙피했다

도전! 맞춤법 퀴즈

※ [A–D] 다음 글에서 맞춤법이 틀린 부분을 <u>5곳</u> 찾아 표시하고 바르게 고쳐 쓰세요.

A

> 나는 요즘 참치를 넣고 끓인 김치찌게 맛에 반해 그동안 가장 좋아하는 음식 1순위에 있던 떡볶기보다 김치찌게를 더 좋아한다. 오늘은 아빠가 좋아하시는 쭈꾸미를 먹으러 갔는데 나는 거기서도 김치찌게를 시켜 먹었다. 김치찌게 냄비를 깨끗히 비우는 나를 보며 곰곰히 생각하던 동생이 김치찌게 돼지라고 놀렸다.

틀린 단어	바르게 고치기
1	
2	
3	
4	
5	

B

> 엄마가 감기 몸살에 걸리서서 동생과 함께 설겆이며 집안일을 했다. 집안일이 고된 탓인지 항상 일찌기 가던 학교에 두 번이나 지각을 했다. 오늘은 지각을 하지 않기 위해 달리다가 돌맹이에 걸려 넘어져 무릅이 깨졌다. 너무 아파 무릅을 살펴보니 작은 돌조각들이 상처 속으로 제법 깊숙히 박혀 병원에 갈 수밖에 없었다.

틀린 단어	바르게 고치기
1	
2	
3	
4	
5	

C

요즘 내 짝꿍 민지의 얼굴이 유난히 핼쑥해 보인다. 중간고사 성적이 떨어진 뒤로 너무 열심히 공부를 해서 그런가 싶기도 하고, 주말에 틈틈히 부모님의 가게 일을 돕기 때문인 것 같기도 하다. 어느 것 하나 가벼히 여기지 않고 꼼꼼이 챙기는 민지 성격이 모든 일에 부단이 노력하게 만드는 것 같다.

	틀린 단어	바르게 고치기
1		
2		
3		
4		
5		

D

가족과 함께 〈괴물〉 영화를 보았다. 희안하게 생긴 괴물의 모습이 어찌나 흉칙하던지 손으로 눈을 가리며 봤다. 영화의 중반부에 동생이 내 팔을 건들였는데 너무 놀라서 소리를 질렀다. 동생은 챙피하다며 눈을 흘겼다. 영화 마지막에 주인공이 괴물을 무찌르자 나도 모르게 박수를 쳤는데 갑자기 관객들이 나를 따라 하기라도 하듯이 우뢰와 같은 박수를 쳐서 너무 감동적인 장면이 연출되었다.

	틀린 단어	바르게 고치기
1		
2		
3		
4		
5		

알쏭달쏭 너무 헷갈려요! 2
중학교 국어 교과서와 시험에 꼭 나오는 맞춤법!

1 가게 vs 가계

엄마: 영주야, 집 앞 채소 가게에 가서 콩나물 좀 사 와.
영주: 네. 그런데 엄마, 가게가 맞는 말이에요? 물건 파는 곳은 가계 아니에요?

 가게

가계

 잠깐 작은 규모로 물건을 파는 집을 '가게'라고 해요. '가계'는 집안 살림의 수입과 지출의 상태를 가리키는 말이에요.

 '작은 규모로 물건을 파는 집'을 가리키는 이 말의 표준어는 　　　　　　　 입니다.

2 곱배기 vs 곱빼기

준서: 미나야, 우리 오늘은 자장면 곱배기로 먹을까?
미나: 좋아. 그런데 곱배기와 곱빼기 중 어떤 게 맞는 말이지?

곱배기

 곱빼기

 잠깐 '곱배기'와 '곱빼기'도 자주 헷갈리는 말이에요. 우리가 좋아하는 자장면의 양이 보통보다 두 배 많은 것을 '곱빼기'라고 해요.

 '음식에서 두 그릇의 몫을 한 그릇에 담은 분량'을 나타내는 이 말의 표준어는

　　　　　　　 입니다.

<table>
<tr><td>**3**</td><td>아지랑이
vs
아지랭이</td><td>*민지:* 소라야, 봄이 되니 땅에서 아지랭이가 피어오르고 있어.
소라: 그래. 아지랑이가 숨을 수둣 흔들리고 있어. 아지랭이가 맞는 말이지?</td></tr>
</table>

  아지랭이

 '아지랑이'를 'ㅣ' 모음 역행 동화('ㅣ' 모음이 앞 모음 'ㅏ, ㅓ, ㅗ, ㅜ'에 영향을 줘서 'ㅐ, ㅔ, ㅚ, ㅟ'로 변하게 하는 현상) 때문에 '아지랭이'로 잘못 쓰는데 꼭 '아지랑이'로 써야 해요.

 '봄날 햇빛이 강하게 쬘 때 공기가 공중에서 아른아른 움직이는 현상'을 일컫는 이 말의

표준어는   입니다.

<table>
<tr><td>**4**</td><td>손톱깍기
vs
손톱깎이</td><td>*수영:* 엄마, 손톱깍기 어디 있어요?
엄마: 거실 서랍에 있어. 손톱깍기와 손톱깎이 중 어떤 게 맞는 말이지?</td></tr>
</table>

손톱깍기

 손톱 '깎다'에 명사로 만들어 주는 접사 '이'가 붙어 '손톱깎이'가 된 말이므로 '손톱깍기'가 아니라 '손톱깎이'로 적어야 해요.

 '손톱을 깎는 기구'를 나타내는 이 말의 표준어는   입니다.

<table>
<tr><td>5</td><td>케익
vs
케이크</td><td>강현: 민욱아, 내일이 민지 생일인데 어떤 케익을 살까?
민욱: 민지는 초코맛을 좋아해. 그런데 케익과 케이크 중 뭐가 맞는 말이지?</td></tr>
</table>

케익      (케이크)

 영어 단어 cake는 외래어 표기법에 따라 '케이크'로 적어야 해요.

 '밀가루, 달걀, 버터, 우유, 설탕 따위를 주원료로 하여 오븐 따위에 구운 서양 음식'을 일컫는 이 말의 표준어는 　　　　　 입니다.

<table>
<tr><td>6</td><td>화병
vs
홧병</td><td>엄마: 용수야, 할머니께서 홧병이 단단히 나셨나 보다.
용수: 무엇 때문에요? 그런데 엄마, 홧병이 아니라 화병이 맞는 말이지요?</td></tr>
</table>

(화병)      홧병

 '화병'은 '화'와 '병'이 합쳐진 말로 표준 발음이 [화뼝]이라 사이시옷을 넣어 '홧병'으로 적는 경우가 많은데, 이 말은 '화병'이 맞는 말이에요.

 '억울한 마음을 삭이지 못하여 간의 생리 기능에 장애가 와서 머리와 옆구리가 아프고 가슴이 답답하면서 잠을 잘 자지 못하는 병'을 일컫는 이 말의 표준어는 　　　　　 입니다.

7	벚꽃 vs 벛꽃	엄마: 우리 주말에 가족끼리 벚꽃놀이 가자. 성아: 좋아요. 그런데 엄마, 벚꽃이 맞아요, 벛꽃이 맞아요?

벚꽃   **벛꽃**

 '벚꽃'은 4~5월 사이에 피는 하얀빛을 띤 분홍색 꽃이에요. 벚꽃이 떨어지면 검은 버찌 열매가 열려요. 'ㅈ' 받침 '벚'을 꼭 기억해요.

 '벚나무의 꽃'을 일컫는 이 말의 표준어는   입니다.

8	별에별 vs 별의별	가영: 지선아, 우리 엄마는 젊으셨을 때 별에별 고생을 다 하셨대. 지선: 별에별이 무슨 뜻이지? 그리고 별의별과 별에별 중 뭐가 맞는 말이지?

별에별   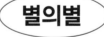 **별의별**

 '별의별'은 [벼리별], [벼레별]로 발음하며, 간혹 '벼라별'이나 '벼레별'로 쓰는 경우가 있으나 이는 잘못된 표기예요.

 '보통과 다른 갖가지'란 뜻을 갖는 이 말의 표준어는   입니다.

9	얼마큼 vs 얼만큼	경수: 명진아, 우리가 평생 웃는 웃음의 양은 얼만큼 될까? 명진: 그건 잘 모르겠고, 얼만큼이 맞는지 얼마큼이 맞는지는 알 것 같은데?

 **얼만큼**

 '얼마큼'은 '얼마만큼'이 줄어든 말인데, '얼만큼'으로
잘못 표현하는 경우가 종종 있어 주의해서 써야 해요.

 '수량이나 수준이 어느 정도인가'를 나타내는 이 말의 표준어는 ＿＿＿＿＿＿ 입니다.

10	치르고 vs 치루고	엄마: 성진아, 곧 버스가 오니 물건 값을 치르고 나가자. 성진: 네, 엄마. 그런데 물건 값을 치루고가 아니라 치르고가 맞지 않나요?

 **치루고**

 '치르다'는 '시험을 치르다, 장례를 치르다'처럼 어떤 일을 겪어
내다라는 의미를 갖기도 하니 문맥에 맞게 뜻을 파악해야 해요.

 '주어야 할 돈을 내주다'라는 뜻을 나타내는 이 말은 ＿＿＿＿＿＿ 로 표기합니다.

다음 문장의 빈칸에 알맞은 말을 골라 써 보세요.

1 4~5월이 되면 전국 곳곳에 _____ 축제가 열린다.

  벚꽃   벚꽃

2 학교 앞 문구점에는 _____ 물건들이 다 진열되어 있다.

  별에별   별의별

3 우리 외할머니는 친구와 싸우신 뒤 _____이 생기셨다.

  홧병   화병

4 집에 가위가 없어서 _____로 줄을 잘랐다.

  손톱깍기   손톱깎이

5 짝꿍이 내게 물었다. "넌 내가 _____ 보기 싫어?"

  얼만큼   얼마큼

6 이 음식점에서는 값을 미리 _____ 음식을 먹어야 한다.

  치르고   치루고

7 들판에 피어오른 _____ 때문에 어지러웠다.

  아지랑이   아지랭이

8 명절이라 그런지 문을 연 _____가 몇 군데 없었다.

  가게   가계

9 우리 동네에 부드러운 생크림 _____ 전문점이 생겼다.

  케익   케이크

10 아빠는 자장면 _____를 시켜 나와 동생에게 나눠 주셨다.

  곱배기   곱빼기

아영: 수현아, 비에 흠뻑 젖어서 그런지 으시시 한기가 느껴져.
수현: 나도 그래. 몸이 너무 떨려. 으시시한 건지 으스스한 건지 모르겠어.

으스스

으시시

 잠깐 '으스스'를 '으시시'라고 표현하기도 하는데 이는 잘못된 표현이에요.

 '차거나 싫은 것이 몸에 닿았을 때 크게 소름이 돋는 모양'을 일컫는 이 말의 표준어는

　　　　　　　　입니다.

현정: 모현아, 이 집 깍두기 너무 맛있지 않니?
모현: 정말 맛있어. 근데 깍두기가 맞을까? 아님 깎두기가 맞을까?

깍두기

깎두기

 잠깐 '깍두기'는 어느 쪽에도 끼지 못하는 사람이나 그런 신세를 비유적으로 이르는 말이기도 해요.

 '무를 작고 네모나게 썰어서 소금에 절인 후 고춧가루 따위의 양념과 함께 버무려 만든 김치'를 일컫는 이 말의 표준어는 　　　　　　　　입니다.

13	건더기 vs 건데기	철수: 엄마, 할아버지는 국물만 드시고 건데기는 다 남기셨어요. 엄마: 이가 없으셔서 그렇지. 그런데 철수야, 건데기가 아니라 건더기가 맞는 말 아니니?

   건데기

 잠깐 '건더기'의 의미로 'ㅣ' 모음 역행 동화를 적용해 '건데기'나 발음이
비슷한 '건덕지'를 쓰는 경우가 있으나 '건더기'만 표준어로 삼아요.

 '국이나 찌개 따위의 국물이 있는 음식 속에 들어 있는 국물 이외의 것'을 일컫는 이 말의
표준어는   입니다.

14	잠갔다 vs 잠궜다	희재: 어제 깜박하고 사물함을 안 잠궜더니 누가 내 책을 꺼내 갔어. 수미: 잠시 빌려 간 거겠지. 그런데 잠궜다와 잠갔다 중 뭐가 맞는 말이지?

 잠궜다

 잠깐 '잠갔다'와 '잠궜다'를 헷갈려 사용하는 경우가 많아요. 그러나
'잠그다'의 과거형은 '잠갔다'이며 '잠궜다'는 틀린 표현이에요.

 '여닫는 물건을 열지 못하도록 자물쇠를 채우거나 빗장을 걸거나 하다'라는 뜻을 나타내는
이 말의 과거형은   입니다.

15 | **움큼**
vs
웅큼

엄지: 민정아, '사탕 한 웅큼'이 맞는 표현이야?
민정: 웅큼이 맞는 말이냐는 거지? 움큼이 맞는 거 같은데 어떤 게 맞을까?

움큼 **웅큼**

(잠깐) '웅큼'은 '움큼'의 잘못된 표현이며 '움큼'의 북한말이기도 해요.
그러므로 '고양이 털 한 움큼', '모래 한 움큼'처럼 써야 해요.

 '손으로 한 줌 움켜쥘 만한 분량을 세는 단위'를 일컫는 이 말의 표준어는 ⬚⬚⬚⬚
입니다.

16 | **폭발**
vs
폭팔

수아: 이 물질은 폭팔을 일으키는 물질이니 조심히 다뤄야 해.
정수: 그래? 조심해야겠네. 폭발? 폭팔? 하면 안 되니까. 근데 뭐가 맞지?

폭발 **폭팔**

(잠깐) '폭발'을 [폭팔]로 발음하기도 해서 '폭팔'로 알고 있는 사람들이
많은데, '폭발'이 표준어이며 표준 발음은 [폭빨]이에요.

 '불이 일어나며 갑작스럽게 터짐'을 나타내는 이 말의 표준어는 ⬚⬚⬚⬚⬚⬚ 입니다.

17	어의없다 vs 어이없다	희정: 은수야, 이 많은 것을 나보고 다 하라는 거야? 어의없다! 은수: 어의없다고? 어이없다가 맞는 말 아닌가? 그리고 나도 그만큼은 해.

어의없다

 '어이없다'와 '어처구니없다' 둘 다 널리 쓰이는 말로 모두 표준어예요.
또, '어이+없다'의 합성어가 아니라 '어이없다'라는 한 단어예요.

 '일이 너무 뜻밖이어서 기가 막히는 듯하다'라는 뜻을 나타내는 이 말의 표준어는

　　　　입니다.

18	빈털터리 vs 빈털털이	엄마: 우리 옆집 사람들은 사업이 망해 빈털털이가 되었대. 지수: 딱하네요. 근데 엄마, 빈털털이가 아니라 빈털터리가 맞는 말 아닌가요?

  # 빈털털이

 '빈털터리'는 '빈'과 '털터리'라는 단어가 합쳐 굳어진 단어로 본래는
'털터리'라고만 해도 그 뜻을 충분히 전달할 수 있지만, 더 강조하기
위해 '빈'이라는 형용사가 붙어 굳어진 말이에요(빈털터리 = 털터리).

 '재산을 다 없애고 아무것도 가진 것이 없는 가난뱅이가 된 사람'을 일컫는 이 말의 표준어는

　　　　입니다.

| 19 | 하마터면
vs
하마트면 | 경애: 선혜야, 나 어제 휴대폰 보면서 걷다가 하마터면 큰일 날 뻔했어.
선혜: 휴대폰 하면서 걸으면 안 되겠네. 그런데 하마터면이 맞는 말인가?
하마트면이 맞는 말 아닌가? |

하마터면   하마트면

 잠깐 '하마터면'은 주로 '~할 뻔하다'와 함께 쓰여 이유나
원인이 되는 앞 내용과 뒤 내용을 이어 주는 말이에요.

 '조금만 잘못하였더라면, 위험한 상황을 겨우 벗어났을 때'에 쓰이는 이 말의 표준어는

　　　　　입니다.

| 20 | 트름
vs
트림 | 엄지: 점심을 너무 많이 먹어서인지 트름이 자꾸 나오네.
주성: 소화제를 먹어 봐. 그런데 엄지야, 트름이 아니고 트림이 맞는 말 아냐? |

트름

트림

 잠깐 '트림'은 식도나 위에 있는 기체가 입을 통해 배출되는 생리 현상으로
장에 있는 기체가 항문으로 배출되는 현상인 방귀와 유사해요.

 '먹은 음식이 위에서 잘 소화되지 않아서 생긴 가스가 입으로 복받쳐 나옴, 또는 그 가스'를

가리키는 이 말의 표준어는 　　　　　　　입니다.

다음 문장의 빈칸에 알맞은 말을 골라 써 보세요.

1 그는 해외여행을 가기 위해 모든 문을 다 _____.

잠갔다   잠궜다

2 요즘 강아지 털이 한 _____씩 빠져 청소를 자주 한다.

움큼   웅큼

3 화산이 _____해 수만 명의 이재민이 발생했다.

폭발   폭팔

4 게임 고수인 내가 하수에게 지다니 진짜 _____.

어의없다   어이없다

5 산에 갔다 벌에 쏘여 _____ 죽을 뻔했다.

하마터면   하마트면

6 내 친구는 라면을 먹을 때 _____만 건져 먹는다.

건데기   건더기

7 게으르게 살던 그는 _____로 집에서 쫓겨났다.

빈털터리   빈털털이

8 귀신의 집에 들어서자 _____해서 긴장이 되었다.

으스스   으시시

9 나는 우리 엄마가 담그신 _____가 제일 맛있다.

깍두기   깎두기

10 군밤을 많이 먹었더니 밤 _____이 계속 올라온다.

트름   트림

21	나시 vs 민소매	엄마: 수영아, 엄마 나시 원피스 못 봤니? 수영: 핑크색 소매 없는 원피스요? 그거 나시가 아니라 민소매 아니에요?

나시

 '나시'는 일본어인 '소데나시(소매 없음)'를 줄여서 쓰는 말이에요. 머리카락이 없는 머리를 '민머리'라고 하듯이 소매가 없는 옷은 '민소매'라고 해야 해요.

 '소매가 없는 윗옷. 또는 그런 소매'를 일컫는 이 말의 표준어는   입니다.

22	거야 vs 꺼야	수영: 희재야, 너 이번 교내 맞춤법 골든벨에 참가할 꺼야? 희재: 응. 그러려고. 근데 참가할 꺼야, 참가할 거야 어떤 게 맞는 말이지?

거야  **꺼야**

 '갈 거야, 할 거야, 내 거야, 일 거야' 등 '거야'는 앞말과 띄어 써야 해요. 또, 우리 말에는 '꺼'라는 표현은 없답니다.

 '것'을 일상 대화체로 말할 때 쓰는 '거'에 '야'가 붙어 만들어진 이 말의 띄어쓰기를 지킨 표준어는   입니다.

23	할게 vs 할께	소희: 언니, 시험공부 안 해? 나랑 같이할까? 소영: 아니야. 언니가 알아서 할게. 그런데 할게와 할께 중 어떤 게 맞는 말이게?

  **할께**

 '할게, 줄게, 갈게' 등 끝맺는 말은 모두 '−게'로 써야 해요.
'께'는 '할머니께, 부모님께' 등 '에게'의 높임 표현이랍니다.

 '어떤 행동에 대한 약속이나 의지를 나타내는 종결 어미'를 일컫는 '−게'와 함께 쓰인 이

말의 표준어는 ▯▯▯▯▯▯ 입니다.

24	부숴지다 vs 부서지다	창수: 지환아, 내 사물함 문이 완전히 부숴졌어. 지환: 어쩌다? 그런데 부숴지다가 맞나? 부서지다가 맞는 말 아닌가?

부숴지다

 '부서지다'는 '돌이 부서지다'처럼 단단한 물체가 깨어져
여러 조각이 난다는 뜻도 있어요.

 '목재 따위를 짜서 만든 물건이 제대로 쓸 수 없게 헐어지거나 깨어지다'라는 뜻을 나타내

는 이 말의 표준어는 ▯▯▯▯▯▯ 입니다.

25	통털어 vs 통틀어	지현: 엄지야, 봉사활동 신청서를 낸 사람이 통털어 세 명밖에 없대. 엄지: 그렇게 적어? 그런데 지현아, 통털어가 아니라 통틀어 아냐?

통털어

 '통털어'는 '통틀어'를 잘못 쓰는 말로 '통틀어'가 맞습니다.
'통틀어'의 비슷한 말로 '몽땅, 모두'가 있어요.

 '있는 대로 모두 합하여'라는 뜻을 나타내는 이 말의 표준어는   입니다.

26	해님 vs 햇님	준서: 와~ 햇님이 우리 경아처럼 방긋 웃네. 경아: 나처럼? 그런데 햇님이 아니고 해님 아닌가?

  햇님

 '해님'은 '해'와 접미사 '님'이 합해진 말이며, '님'이 붙어 만들어진
말은 사이시옷을 넣지 않아요. 그리고 발음도 [해님]이라고 해요.

 '해를 인격화하여 높이거나 다정하게 이르는 말'을 일컫는 이 말의 표준어는
입니다.

27	일부로 vs 일부러	지수: 수정아, 너 나랑 같이 먹으려고 일부로 점심 안 먹은 거야? 수정: 그렇지. 너랑 같이 먹으려고 일부로가 아니라 일부러 기다렸지.

일부로

일부러

잠깐 '일부로'는 '일부러'의 방언(강원, 경상, 전라, 충청)이랍니다.

'어떤 목적이나 생각을 가지고. 또는 마음을 내어 굳이'라는 뜻을 갖는 이 말의 표준어는   입니다.

28	오랜만 vs 오랫만	정수: 혜정아, 우리 오랫만에 도서관에 가서 책 볼까? 혜정: 그래. 네가 오랫만과 오랜만 중 맞춤법에 맞는 말을 고르면 갈게.

오랫만

잠깐 '오래간만'의 준말이므로 '오랜만'으로 적고, '오래'와 '동안'이 결합하여 만들어진 합성어에는 사이시옷을 넣어 '오랫동안'으로 적어요.

'오래간만'의 준말을 나타내는 이 말의 표준어는   입니다.

29 | 수사자 vs 숫사자

민서: 명수야, 아까 국어 시간에 수컷 사자는 숫사자라고 배웠지?

명수: 숫사자? 수사자 아닌가? 나도 헷갈리네. 어떤 게 맞지?

 **수사자**

숫사자

 잠깐 표준어 규정에 따라 수컷을 이르는 말은 '수사자, 수개미, 수사슴' 등 모두 '수-'로 통일해요. 단, '숫양, 숫염소, 숫쥐'는 '숫-'으로 적어요.

 '사자의 수컷'을 일컫는 이 말의 표준어는   입니다.

30 | 대가 vs 댓가

선정: 경서야, 우리가 꿈을 이루려면 그만큼의 댓가를 치러야 할 거야.

경서: 그렇겠지. 그런데 대가와 댓가 중 어떤 게 맞는 말이지?

 대가

댓가

 잠깐 '대가'를 말할 때 [댓가]로 발음하므로 '댓가'라고 착각하기 쉬운데 맞춤법에 맞는 표현은 '대가'예요.

 '물건의 값으로 치르는 돈이나, 일에 대한 값으로 받는 보수'를 일컫는 이 말의 표준어는

           로 표기합니다.

확인 콕콕!!

다음 문장의 빈칸에 알맞은 말을 골라 써 보세요.

1 밤에는 달님이 낮에는 _____ 이 세상을 환하게 비춰 주지요.

해님   **햇님**

2 나는 짝꿍을 피해 _____ 운동장을 돌아다녔다.

일부러   **일부로**

3 영수는 오늘 밤을 새워 시험공부를 다 할 _____.

거야   **꺼야**

4 나는 _____ 에 친구들과 놀이공원에 가서 놀았다.

오랜만   **오랫만**

5 그가 가진 돈이라고는 _____ 5천 원 남짓이다.

통털어   **통틀어**

6 늦게 온 벌로 오늘은 내가 교실 청소를 다 _____.

할게   **할께**

7 동물원에서 암사자와 놀고 있는 _____ 를 보았다.

수사자   **숫사자**

8 부실 공사로 5층짜리 건물이 순식간에 _____.

부서졌다   **부숴졌다**

9 그들은 열심히 일한 노동의 _____ 로 매달 월급을 받는다.

대가   **댓가**

10 여름에는 소매가 없는 _____ 원피스가 시원하다.

민소매   **나시**

Chapter 7   **189**

<table>
<tr><td>31</td><td>오뚜기
vs
오뚝이</td><td>순정: 혜정아, 너는 넘어져도 오뚜기처럼 바로 일어나는구나!
혜정: 나에게 포기란 없거든. 그런데 오뚜기가 아니라 오뚝이 아닌가?</td></tr>
</table>

오뚜기

 '오뚜기'는 '오뚝이'를 소리 나는 대로 표기한 말이에요. '오뚜기'는 회사 이름이기도 하고, 온라인 게임에서 플레이어가 상대 플레이어를 계속 죽이는 행위를 말하기도 해요. 오뚝이처럼 누웠다가 일어났다가를 반복하는 데서 비롯된 말이지요.

 '밑을 무겁게 하여 아무렇게나 굴려도 오뚝오뚝 일어서는 어린아이들의 장난감'을 일컫는 이 말의 표준어는 ⬚⬚⬚⬚⬚ 입니다.

<table>
<tr><td>32</td><td>말발
vs
말빨</td><td>영서: 주희야, 어떻게 하면 너처럼 말빨이 셀 수 있지?
주희: 다 독서의 힘이지! 그런데 말빨이 아니라 말발이라고 해야 하지 않나?</td></tr>
</table>

  **말빨**

 올바른 표기는 '말발'이고, 보통 말할 때는 [말빨]이라고 발음해요. 그러니 표기와 발음을 혼동하지 말아야 해요.

 '듣는 이로 하여금 그 말을 따르게 할 수 있는 말의 힘'을 일컫는 이 말의 표준어는 ⬚⬚⬚⬚⬚ 입니다.

33	새침떼기 vs 새침데기	현희: 민정아, 민지 말야. 꼭 새침떼기 같지 않니? 민성: 좀 그렇지? 그런데 새침떼기가 맞나? 새침데기가 맞는 말 아닌가?

새침떼기

 잠깐 '새침데기'는 '그런 성질을 지닌 사람'을 나타내는 접미사 '-데기'가
붙어 만들어진 단어입니다. '새침떼기'는 '새침데기'의 발음이에요.

 '새침(쌀쌀맞게 시치미를 떼는 태도)한 성격을 지닌 사람'을 일컫는 이 말의 표준어는

⬜⬜⬜⬜ 입니다.

34	햇갈리다 vs 헷갈리다	희정: 지수야, 나는 영후에 대한 내 마음이 먼지 너무 햇갈려. 지수: 희정아, 너는 마음도 햇갈리고 맞춤법도 헷갈리네. 뭐가 맞을까?

햇갈리다

 잠깐 '헷갈리다'와 '헷갈리다'는 '정신이 혼란스럽게 되다, 여러 가지가
뒤섞여 갈피를 잡지 못하다'라는 뜻을 나타내는 복수 표준어예요.

 '갈피를 잡지 못하게 뒤섞이다'라는 뜻을 나타내는 이 말의 표준어는 ⬜⬜⬜⬜
입니다.

35	기다란 vs 길다란	하영: 혜지가 기다란 머리카락을 귀 뒤로 살짝 밀어 넘겼는데 예쁘더라. 수지: 나도 봤어. 그런데 기다란과 길다란 중 뭐가 맞는 말이지?

  **길다란**

 '기다란'은 '기다랗다'의 활용형이에요. '길다란'은 비표준어이니 꼭 '기다랗다, 기다란, 기다랗고' 등으로 써야 해요.

 '매우 길거나 생각보다 길다'라는 뜻을 나타내는 이 말의 표준어는 [   ] 입니다.

36	마구간 vs 마굿간	엄마: 정재야, '마굿간'이라고 썼는데 맞춤법이 틀린 거 아니니? 정재: 마굿간이 맞는 말 아니에요? 아니면, 마구간인가요?

  **마굿간**

 한자어끼리 결합한 합성어(마구+간)는 소리가 세게 나더라도 사이시옷을 적지 않아요. 따라서 '마구간'으로 적어요.

 '말을 기르는 곳'을 가리키는 이 말의 어법에 맞는 표기는 [   ] 입니다.

<table>
<tr>
<td>

37

임마
vs
인마

</td>
<td>

영철: 정수야, 우리가 친구끼리 '임마'라고 하잖아. 그거 표준어인가?
정수: 글쎄? 임마가 표준어이니면 인마기 표준이인기?

</td>
</tr>
</table>

임마  인마

'인마'는 상대를 낮추어 부를 때 씁니다. '인마'는 '이놈아'가 줄어든 말이기 때문에 '인마'가 맞는 표기이며 '임마'는 잘못된 표기입니다.

'이놈아'가 줄어든 말을 일컫는 이 말의 표준어는   입니다.

<table>
<tr>
<td>

38

무릅쓰다
vs
무릎쓰다

</td>
<td>

가희: 나 국어 문법 수행평가에서 무릎쓰다를 잘못 써서 틀렸어.
희수: 나도 그게 헷갈리던데, 무릅쓰다와 무릎쓰다 중 뭐가 맞지?

</td>
</tr>
</table>

무릅쓰다  무릎쓰다

'무릅쓰다'의 의미로 '무릎쓰다'를 쓰는 경우가 있으나 '무릅쓰다'만 표준어로 삼아요.

'힘들고 어려운 일을 참고 견디다'라는 뜻을 일컫는 이 말의 표준어는   입니다.

<table>
<tr><td>39</td><td>움추리다
vs
움츠리다</td><td>경진: 엄마, 저는 발표할 때 부끄러워서 자꾸 고개를 움추리게 돼요.
엄마: 자신감을 가져야겠네. 그런데 움추리다, 움츠리다 어느 게 맞지?</td></tr>
</table>

움추리다

 '움츠리다'는 겁을 먹거나 위압감 때문에 몹시 기가 꺾이거나
풀이 죽다라는 뜻도 있어요.

 '몸이나 몸의 일부를 몹시 오그리어 작아지게 하다'라는 뜻을 나타내는 이 말의 표준어는

　　　　　입니다.

<table>
<tr><td>40</td><td>눈살
vs
눈쌀</td><td>성호: 영찬아, 너 아까 급식실에서 왜 그렇게 눈쌀을 찌푸렸어?
영찬: 누가 새치기를 해서 눈살, 아니 눈쌀이 찌푸려졌어. 어떤 게 맞더라?</td></tr>
</table>

 눈쌀

 '눈'과 '살'이 합쳐진 말로 마음에 못마땅하여 양미간을
찡그리는 것을 나타내요.

 '두 눈썹 사이에 잡히는 주름'을 뜻하는 이 말의 표준어는 　　　　　 입니다.

다음 문장의 빈칸에 알맞은 말을 골라 써 보세요.

1   나는 세 번을 넘어지고 _____처럼 일어나 달렸다.

오뚜기   오뚝이

2   동물원의 사슴이 _____ 목을 내밀고 나를 보았다.

기다란   길다란

3   영준이는 _____이 세서 토론 대회에서 항상 1등을 한다.

말발   말빨

4   영어는 철자가 _____ 단어가 많아서 어렵다.

헷갈리는   햇갈리는

5   _____에 있는 말들은 관리가 잘 되어 깨끗하다.

마구간   마굿간

6   _____ 아가씨가 웬일로 먼저 인사를 했다.

새침데기   새침떼기

7   쾅 하는 소리가 나서 우리 모두 몸을 _____.

움츠렸다   움추렸다

8   형이 내게 "_____, 너나 잘해!"라고 말하면 기분이 나쁘다.

인마   임마

9   소방관은 위험을 _____ 불길에 뛰어들었다.

무릅쓰고   무릎쓰고

10 그의 무례한 행동은 사람들의 _____을 찌푸리게 했다.

눈살   눈쌀

도전! 맞춤법 퀴즈

※ [A–D] 다음 글에서 맞춤법이 틀린 부분을 <u>5곳</u> 찾아 표시하고 바르게 고쳐 쓰세요.

A

오늘은 내 생일이라 중국집에서 자장면 곱배기를 먹었다. 저녁에는 엄마가 내가 좋아하는 치즈 케익을 사 오셔서 정말 기분이 좋았다. 그리고 다음 날 가족과 함께 벚꽃 나들이를 갔는데 날씨가 따뜻해져서 그런지 아지랭이가 아른거려서 신나게 꽃길을 뛰어다니며 햇님도 실컷 보고 너무 행복했다.

	틀린 단어		바르게 고치기
1			
2			
3			
4			
5			

B

순댓국을 먹으러 갔는데 순댓국에 건더기가 정말 많았다. 깍두기도 맛있어서 많이 먹었는데 트름을 했더니 냄새가 지독했다. 계산대에 있는 사탕을 한 웅큼 집어 주머니에 넣었는데 하마트면 엄마한테 걸려 혼이 날 뻔했다. 그런데 주인 아주머니가 보셨는지 가게에서 나오는 내내 나를 바라보시는 눈초리가 어째 좀 무섭고 으시시해서 빠른 걸음으로 도망치듯 나왔다.

	틀린 단어		바르게 고치기
1			
2			
3			
4			
5			

C

숫사자는 오랫만에 사냥을 나와 암사자와 함께 신나게 달리다 사냥꾼이 설치해 놓은 그물에 걸려 잡힌 뒤 암사자와 함께 나무 우리에 갇혔다. 암사자는 구석에 앉아 "숫사자가 나무 우리를 부술 거야!" 하는 눈빛으로 숫사자를 바라보았다. 나무로 된 우리는 숫사자가 통털어 세 번을 들이받자 정말 쉽게 부숴졌다. 우리 밖으로 나온 사자들로 인해 사냥꾼은 어떤 댓가를 치르게 될까?

	틀린 단어		바르게 고치기
1			
2			
3			
4			
5			

D

사육사는 마굿간에 있던 말을 들판에 데리고 나와 길다란 장애물을 넘는 훈련을 시켰다. 말은 위험을 무릅쓰고 장애물을 넘으며 달리기 시작했다. 그러다가 그만 장애물에 앞발이 걸려 넘어지고 말았다. 놀란 사육사가 달려가 보니 말은 겁에 질린 듯 잔뜩 움추린 채 눈쌀을 찌푸리고 있었다.

	틀린 단어		바르게 고치기
1			
2			
3			
4			
5			

한 가지 의미를 나타내는 형태 몇 가지가 널리 쓰이며 표준어 규정에 맞으면 그 말 모두를 표준어로 삼는다는 〈표준어 규정〉이 있어요. 이를 '복수 표준어'라고 해요. 우리 말에는 의외로 복수 표준어들이 꽤 있어요. 일상에서 많이 쓰이는 복수 표준어를 알아보도록 해요.

두 개 다
맞는 말이에요!
중학교 국어 교과서와
시험에 나오는 복수 표준어!

1	예쁘다 / 이쁘다	신애: 오! 정희야, 이것 좀 봐. 이 필통 정말 예쁘다. 정희: 이 연필도 정말 이쁘다. 이 문구점엔 예쁜 게 정말 많은걸!

예쁘다   이쁘다

 과거에는 '예쁘다'만 표준어였는데, 2015년에 '이쁘다'도 표준어로 인정되어 복수 표준어가 되었어요.

 '생긴 것이 아름다워 눈으로 보기에 좋다'라는 의미를 나타내는 이 말은 [   ], [   ] 둘 다 표준어입니다.

2	삐지다 / 삐치다	준희: 미진아, 영준이는 남자애가 너무 자주 삐지는 것 같지 않아? 미진: 그런가? 그런데 삐지다가 아니라 삐치다가 맞는 말 아니야?

삐지다   삐치다

 원래는 '삐치다'가 표준어였으나 2014년에 사람들이 두루 쓰던 '삐지다'도 복수 표준어가 되었어요.

 '성나거나 못마땅해서 마음이 토라지다'라는 뜻을 나타내는 이 말은 [   ], [   ] 둘 다 표준어입니다.

<table>
<tr><td>**3**</td><td>자장면
/
짜장면</td><td>수정: 소민아, 우리 자장면 먹고 갈까? 갑자기 자장면이 먹고 싶네
소민: 호호호. 수정아, 자장면이 뭐니? 짜장면이라고 해야지.</td></tr>
</table>

자장면  짜장면

 잠깐 원래는 '자장면'만 표준어였는데, 사람들이 '짜장면'이란 말을
널리 쓰면서 2011년에 '짜장면'도 복수 표준어가 되었어요.

 '고기와 채소를 넣어 볶은 중국 된장에 국수를 비벼 먹는 음식'을 일컫는 이 말은

                              ,   둘 다 표준어입니다.

<table>
<tr><td>**4**</td><td>복사뼈
/
복숭아뼈</td><td>선수: 경식아, 너 어제 축구하다가 복사뼈 다쳤다며?
경식: 응, 어제 축구하다가 넘어져서 복숭아뼈를 다쳤어.</td></tr>
</table>

복사뼈  복숭아뼈

 잠깐 예전에는 '복사뼈'만 표준어였는데, 2011년에 사람들이 많이 쓰는
'복숭아뼈'도 그 쓰임을 인정받아 복수 표준어가 되었어요.

 '발목 부근에 안팎으로 둥글게 나온 뼈'를 일컫는 이 말은   ,

                              둘 다 표준어입니다.

5	가엽다 / 가엾다

강희: 민지 말야, 어렸을 때 부모님이 사고로 돌아가셨대. 너무 가엽다.
민성: 나도 들었어. 그런데 가엽다가 뭐니? 가엾다라고 해야지.

가엽다

가엾다

 '가엽다'와 '가엾다' 모두 복수 표준어예요. 의미나 쓰임에 거의 차이가 없지만, '가엾다'는 '가엾어라'와 같이 규칙형으로 활용하는 말이고, '가엽다'는 '가여워'와 같이 'ㅂ'이 사라지며 활용하는 말이에요.

 '마음이 아플 만큼 안되고 처연하다'라는 뜻을 갖는 이 말은 _____ ,

_____ 둘 다 표준어입니다.

6	강냉이 / 옥수수

엄마: 정수야, 할머니께서 강냉이를 많이 싸 주셨네. 얼른 먹어 보자.
정수: 이게 강냉이예요? 이건 옥수수잖아요. 왜 강냉이라고 하세요?

강냉이

옥수수

 '강냉이'도 옥수수의 열매를 가리켜요. 원래는 '옥수수'만 표준어였지만, 사람들이 '강냉이'라는 말을 널리 쓰면서 '강냉이'도 표준어로 인정하게 되었어요.

 '볏과의 한해살이풀'을 일컫는 이 말은 _____ , _____ 둘 다 표준어입니다.

7	겨드랑 / 겨드랑이	승철: 성호야. 겨드랑이에 책을 끼고 있으면 겨드랑 냄새 밴다. 성호: 그래? 그런데 겨드랑이 아니면 겨드랑 중 하나만 하지?

겨드랑

겨드랑이

 '겨드랑, 겨드랑이' 둘 다 표준어예요. 그중 '겨드랑'은 겨드랑이에 닿는 옷의 부분을 이르는 말이기도 해요. "이 옷은 작아서 겨드랑이 터졌어요."처럼 표현해요.

 '양편 팔 밑의 오목한 곳'을 일컫는 이 말은   ,   둘 다 표준어입니다.

8	귓속말 / 귀엣말	가희: 지영아, 친구들하고 같이 있을 때는 귓속말 좀 하지 말자. 지영: 귀엣말이 어때서? 둘만 아는 얘기할 때는 귀엣말이 좋던데?

귓속말

귀엣말

 '귓속말, 귀엣말'은 둘 다 고유어이며 사람들이 두루 쓰므로 복수 표준어로 인정되었어요.

 '남의 귀 가까이에 입을 대고 소곤거리는 말'이란 뜻을 갖는 이 말은   , 둘 다 표준어입니다.

9 꾸중 / 꾸지람

경선: 혜진아, 나 어제 게임 많이 한다고 엄마께 꾸중 들었어.
혜진: 나도 카톡 많이 한다고 꾸지람 들었는데 너도 그랬구나?

꾸중

꾸지람

 '꾸중, 꾸지람'과 같은 유의어로 '걱정'과 '야단'도 있어요. "너 그러다 엄마께 걱정 듣는다.", "선생님께 야단맞았어."처럼 표현해요.

 '아랫사람의 잘못을 꾸짖는 말'을 일컫는 이 말은 〔   〕, 〔   〕 둘 다 표준어입니다.

10 늦장 / 늑장

엄마: 영진아, 학교 늦겠다. 왜 이렇게 늑장을 부리니?
영진: 늦장 부리는 거 아니에요. 수행평가 한 거 챙겨야 해서 그래요.

늦장

늑장

 '늑장'과 '늦장' 둘 다 많이 쓰이므로 모두 표준어로 인정해요. '늦장 부리다, 늑장 부리다'처럼 띄어 써야 해요.

 '느릿느릿 꾸물거리는 태도'를 일컫는 이 말은 〔   〕, 〔   〕 둘 다 표준어입니다.

다음 문장의 빈칸에 복수 표준어를 넣어 문장을 완성하세요.

---

1 나는 늦장/_____을 피우다가 약속 시간에 늦었다.

2 엄마는 시장에서 파는 강냉이/_____를 좋아하신다.

3 오늘은 중국집에 가서 자장면/_____을 먹었다.

4 우리 반에 귓속말/_____을 자주 하는 친구가 있다.

5 동생은 버려진 강아지가 가엽다/_____고 울었다.

6 친구가 숙제를 안 해서 선생님께 꾸중/_____을 들었다.

7 발목을 접질러서 복사뼈/_____가 아프다.

8 영준이는 잘 삐져서/_____ 친구들이 싫어한다.

9 현영이가 우리 반에서 제일 예쁘다/_____.

10 선수들의 겨드랑/_____이(가) 땀으로 다 젖었다.

11	다리미질 / 다림질	수정: 엄마, 교복 셔츠 다리미질 좀 해 주세요. 엄마: 중학생이 되었으니 수정이가 직접 다림질을 해 보면 어떨까?

다리미질　　　　　　　　　　　　　　**다림질**

 '다리미질'과 '다림질'은 모두 표준어예요. '다림질'은 '다리미질'의 줄임말이며 옷의 주름이나 구겨진 부분을 펴고 다리는 것을 말해요.

 '다리미로 옷이나 천 따위를 다리는 일'을 일컫는 이 말은 　　　　　　　　, 　　　　　　　　둘 다 표준어입니다.

12	넝쿨 / 덩굴	현아: 주현아, 우리 아파트 주변 울타리에 장미 넝쿨 예쁘지 않니? 주현: 정말 예쁘더라. 학교 주변 울타리에 핀 찔레 덩굴도 예쁘더라.

넝쿨　　　　　　　　　　　　　　**덩굴**

 '넝쿨'과 '덩굴' 모두 사람들이 많이 쓰므로 둘 다 표준어로 인정해요.

 '길게 뻗어 나가면서 다른 물건을 감기도 하고 땅바닥에 퍼지기도 하는 식물의 줄기'를 일컫는 이 말은 　　　　　　　, 　　　　　　　　둘 다 표준어입니다.

13	멍게 / 우렁쉥이	수희: 엄마, 우렁쉥이가 뭐예요? 엄마: 바다에 갔을 때 횟집에서 먹었던 멍게가 우렁쉥이야.

멍게 **우렁쉥이**

 우리가 흔히 알고 있는 '멍게'는 표준어 '우렁쉥이'의 방언이었어요. 그런데 사람들이 '우렁쉥이'보다 '멍게'를 더 많이 사용하여 둘 다 표준어로 인정하게 되었어요.

 '달걀형으로 붉고 울퉁불퉁한 겉모습을 한 바다 동물'을 일컫는 이 말은   , 둘 다 표준어입니다.

14	벌레 / 버러지	희선: 수희야, 우리 교실에는 벌레가 너무 많아. 너희 교실은 어때? 수희: 우리 교실에도 버러지가 가끔 등장해 아이들을 놀라게 하지.

벌레 **버러지**

 '벌레'와 '버러지'는 복수 표준어로 인정되고, 그 외 노인이나 아이들이 많이 쓰는 '벌러지, 벌거지'는 비표준어예요.

 '곤충을 비롯하여 기생충과 같은 하등 동물'을 통틀어 일컫는 이 말은   , 둘 다 표준어입니다.

15 봉선화 / 봉숭아

혜지: 민지야, 학교 울타리에 봉선화 꽃을 따서 손톱에 물들이자.
민지: 봉선화로? 봉숭아 물은 들어 봤는데 봉선화로도 물을 들이나?

봉선화  **봉숭아**

 사람들은 '봉선화' 꽃과 잎으로 손톱에 물을 들이기도 하죠. 보통은 '봉숭아' 물을 들인다고 하는데 '봉선화'도 함께 표준어예요.

 '여름에 분홍색, 빨간색 등의 꽃이 피는 식물'을 일컫는 이 말은 ░░░░░░░░, ░░░░░░░░ 둘 다 표준어입니다.

16 소고기 / 쇠고기

수정: 엄마가 내 생일이라고 소고기 미역국을 끓여 주셨어.
정미: 소고기 미역국? 잠깐, 쇠고기 미역국 아닌가? 뭐가 맞는 거지?

소고기 **쇠고기**

 원래는 '쇠고기'만 표준어였는데, 사람들이 '소고기'라는 말을 널리 쓰면서 '소고기'도 복수 표준어로 인정하게 되었어요.

 '음식으로 먹는 소의 고기'를 나타내는 이 말은 ░░░░░░░░, ░░░░░░░░ 둘 다 표준어입니다.

17	소나기 / 소낙비	엄마: 은정아, 오늘 소낙비가 온다니 우산 꼭 챙겨 가렴. 은성: 네. 안 그래도 오늘 소나기 온다는 일기 예보 들었어요.

소나기

소낙비

 '소나기'와 '소낙비' 둘 다 널리 쓰이는 복수 표준어예요. 특히 여름에 번개나 천둥, 강풍 등을 동반해 많이 와요.

 '갑자기 세차게 쏟아지다가 곧 그치는 비'를 일컫는 이 말은 ⬜⬜⬜⬜⬜, ⬜⬜⬜⬜⬜ 둘 다 표준어입니다.

18	만날 / 맨날	엄지: 지효야, 너는 맨날 소설책만 읽네. 소설을 좋아하는구나? 지효: 그래. 근데 엄지야, 맨날이 아니라 만날이 맞지 않니?

만날

맨날

 '만날'과 '맨날'은 모두 표준어예요. "맨날 라면만 먹어.", "만날 잠만 자네."처럼 쓰여요.

 '매일같이 계속하여서'라는 뜻을 갖는 이 말은 ⬜⬜⬜⬜⬜, ⬜⬜⬜⬜⬜ 둘 다 표준어입니다.

19

쌍까풀 / 쌍꺼풀

경애: 선주야, 나 눈이 너무 작은 거 같아. 쌍까풀 수술 하고 싶어.
선주: 쌍꺼풀 수술은 더 커서 해야 하지 않을까?

쌍까풀

쌍꺼풀

 '쌍까풀'과 '쌍꺼풀'은 모두 널리 쓰이므로 둘 다 표준어로 삼아요. 간혹 '쌍꺼풀'의 의미로 '쌍거풀'을 쓰는 경우가 있는데, 이것은 표준어가 아니에요.

 '겹으로 된 눈꺼풀'을 일컫는 이 말은 　　　　　　　, 　　　　　　　 둘 다 표준어입니다.

20

여물다 / 영글다

엄마: 희성아, 이 옥수수는 알이 정말 잘 여물었구나. 맛있겠지?
희성: 그러네요. 옥수수알이 이렇게 크게 영글다니 잘 키운 것 같아요.

여물다

영글다

 원래는 '여물다'가 표준어이나 방언이던 '영글다'가 사람들 사이에서 더 많이 쓰이면서 '영글다'도 복수 표준어로 인정하게 되었어요.

 '과실이나 곡식 따위가 알이 들어 딴딴하게 잘 익다'라는 뜻을 갖는 이 말은 　　　　　　　, 　　　　　　　 둘 다 표준어입니다.

다음 문장의 빈칸에 복수 표준어를 넣어 문장을 완성하세요.

1 엄마께서 다리미질/_____을 하고 계신다.

2 미나는 쌍까풀/_____이 있는 예쁜 눈을 가졌다.

3 오늘은 오전에 소나기/_____가 내렸다.

4 너는 왜 밥은 안 먹고 만날/_____ 빵만 먹어?

5 대추나무에 대추가 알차게 여물다/_____.

6 학교 주변에 봉선화/_____가 많이 피었다.

7 이 집은 벌레/_____가 많이 나온다.

8 울타리에 장미 넝쿨/_____이 가득하다.

9 나는 고기 중에서 소고기/_____를 제일 좋아한다.

10 우렁쉥이/_____를 초고추장에 찍어 먹으면 맛있다.

| **21** | 오른쪽 / 바른쪽 | 영식: 저 슈퍼에서 오른쪽으로 돌면 우리 집이 나와.
수미: 저기 슈퍼에서 바른쪽으로 난 골목 말이지? |

오른쪽  바른쪽

 '오른쪽'과 '바른쪽'은 모두 널리 쓰이므로 둘 다 표준어로 삼아요.

 '북쪽을 향하였을 때 동쪽과 같은 쪽'을 일컫는 이 말은 ⬜⬜⬜⬜⬜, ⬜⬜⬜⬜⬜ 둘 다 표준어입니다.

| **22** | 찌끼 / 찌꺼기 | 수선: 희용아, 네 사물함 앞에 누가 음식물 찌꺼기를 흘려 놨어.
희용: 누구냐? 음식물 찌끼를 흘렸으면 깨끗하게 처리를 할 것이지. 쯧! |

찌끼  찌꺼기

 '찌꺼기'와 준말 '찌끼'가 모두 널리 쓰이므로 둘 다 표준어로 삼아요. 간혹 '찌꺼기'를 '찌꺽지'라고 하는 사람들도 있는데 '찌꺼기'와 '찌끼'만 표준어예요.

 '액체가 다 빠진 뒤에 바닥에 남은 물건'을 일컫는 이 말은 ⬜⬜⬜⬜⬜, ⬜⬜⬜⬜⬜ 둘 다 표준어입니다.

23	게슴츠레하다 / 거슴츠레하다	소영: 진영, 왜 눈을 게슴츠레하게 뜨고 밥을 먹는 둥 마는 둥 하지? 진영: 어제 늦게까지 숙제하느라고 잠을 못 자서 거슴츠레한 거야.

게슴츠레하다

거슴츠레하다

 잠깐 '게슴츠레하다, 거슴츠레하다' 둘 다 표준어예요. 그리고 잘 쓰지는 않지만 '가슴츠레하다'도 표준어예요.

 '졸리거나 술에 취해서 눈이 흐리멍덩하며 거의 감길 듯하다'라는 뜻의 이 말은 ▢▢▢▢▢▢, ▢▢▢▢▢▢ 둘 다 표준어입니다.

24	들락날락 / 들랑날랑	지수: 영환아, 너 왜 자꾸 화장실을 들락날락하니? 영환: 배가 아파서 그래. 내가 화장실 들랑날랑하는 게 보기 싫지?

들락날락

들랑날랑

 잠깐 '들락날락'과 '들랑날랑'이 모두 널리 쓰이므로 둘 다 표준어이니 어느 것을 써도 다 맞아요.

 '자꾸 들어왔다 나갔다 하는 모양'을 나타내는 이 말은 ▢▢▢▢, ▢▢▢▢ 둘 다 표준어입니다.

25	엉기다 / 엉키다	수현: 피가 계속 나네. 피가 엉기지 않고 출혈이 계속되면 병원에 가자. 경선: 그러게. 지난번에는 상처에 피가 금방 엉키더니 이상하네.

엉기다  **엉키다**

 '엉클어지다'의 의미로 '엉기다'와 '엉키다'가 모두 널리 쓰이므로 둘 다 표준어로 삼아요. '피가 엉겨/엉켜, 사람들이 엉겨서/엉켜서 싸우다'처럼 사용해요.

 '점성이 있는 액체나 가루 따위가 한 덩어리가 되면서 굳어지다'와 '사람이나 동물 따위가 한 무리를 이루거나 달라붙다'라는 뜻을 나타내는 이 말은 _____ , _____ 둘 다 표준어입니다.

26	헛갈리다 / 헷갈리다	현서: 경진아, 공연 순서가 너무 헛갈리게 표시되어 있는 것 같아. 경진: 그러게. 왜 이렇게 적어 놨지? 나도 너무 헷갈려서 잘 모르겠는걸?

헛갈리다  **헷갈리다**

 '헛갈리다'와 '헷갈리다'는 '정신이 혼란스럽게 되다, 여러 가지가 뒤섞여 갈피를 잡지 못하다'라는 뜻을 나타내는 복수 표준어예요.

 '정신이 혼란스럽게 되다'라는 뜻을 나타내는 이 말은 _____ , _____ 둘 다 표준어입니다.

| 27 | 흠뻑 / 흠씬 | 지영: 수정아, 너 비에 흠뻑 젖어 감기 걸릴 것 같아.
수정: 맞아. 지난번에도 옷이 물에 흠씬 젖어 감기 걸린 적이 있어. |

흠뻑   흠씬

 '흠뻑'은 '분량이 차고도 남도록 아주 넉넉하게'라는 뜻도 있어요.
'정이 흠뻑 들다, 잠에 흠뻑 빠지다'와 같이 사용해요.

 '물이 쭉 내배도록 몹시 젖은 모양'을 나타내는 이 말은 ⬛⬛⬛⬛, ⬛⬛⬛⬛
둘 다 표준어입니다.

| 28 | 만큼 / 만치 | 정수: 혜미야, 너는 언제 나만큼 빨리 달릴 수 있을까?
혜미: 너만치 빨리 달릴 수는 없지만 오래 달리는 건 자신 있어. |

만큼   만치

 '만치'와 '만큼'은 모두 널리 쓰이므로 둘 다 표준어로 삼아요.

 '앞의 내용에 상당한 수량이나 정도'임을 나타내는 이 말은 ⬛⬛⬛⬛, ⬛⬛⬛⬛
둘 다 표준어입니다.

| 29 | 간지럽히다 / 간질이다 | 경서: 명진아, 진서가 세상 모르고 잔다. 귀에 깃털로 간질여서 깨울까?
명진: 간질여가 무슨 말이야? 간지럽히다라고 해야 하지 않아? |

간지럽히다

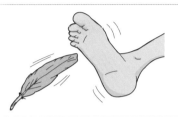

간질이다

 '간지럽히다'는 본래 '간질이다'의 비표준어였으나 2011년에 국립국어원에서 '간질이다'와 동일한 뜻으로 널리 쓰이는 것으로 판단하여 복수 표준어로 인정하였어요.

 '살갗을 문지르거나 건드려 간지럽게 하다'라는 뜻을 나타내는 이 말은 [   ], [   ] 둘 다 표준어입니다.

| 30 | 터트리다 / 터뜨리다 | 수지: 성희야, 갑자기 울음을 터트리다라고 할 때, 터트리다가 맞지?
성희: 울음을 터트리다? 터뜨리다가 맞는 말 아닌가? |

터트리다

터뜨리다

 '-트리다'와 '-뜨리다'는 둘 다 널리 쓰이기 때문에 복수 표준어가 되었어요. '깨트리다/깨뜨리다, 떨어트리다/떨어뜨리다'도 비슷한 단어로 모두 복수 표준어랍니다.

 '터지게 하다'라는 뜻을 나타내는 이 말은 [   ], [   ] 둘 다 표준어입니다.

다음 문장의 빈칸에 복수 표준어를 넣어 문장을 완성하세요.

1 어린아이가 왼쪽과 바른쪽/＿＿＿＿＿＿을 구별하지 못한다.

2 고양이가 음식 찌꺼기/＿＿＿＿＿＿를 물고 달아났다.

3 저 아이는 쌍까풀/＿＿＿＿＿＿진 눈이 참 크고 예쁘다.

4 게임에서 풍선을 터뜨리다/＿＿＿＿＿＿ 깜짝 놀랐다.

5 동생이 비에 흠뻑/＿＿＿＿＿＿ 젖은 채 마당을 뛰어다녔다.

6 그는 나와 대적할 만치/＿＿＿＿＿＿ 실력이 늘었다.

7 과학 원소 기호는 정말 헷갈린다/＿＿＿＿＿＿.

8 그 사람은 눈이 거슴츠레하다/＿＿＿＿＿＿＿.

9 아기의 볼을 간지럽히니/＿＿＿＿＿＿ 방긋 웃었다.

10 실타래가 복잡하게 엉기어/＿＿＿＿＿＿ 풀 수가 없다.

도전! 맞춤법 퀴즈

※ [A–D] 다음 글에서 복수 표준어 5개를 찾아 쓰고, 나머지 복수 표준어도 쓰세요.

A

> 내 친구 혜나는 눈이 정말 예쁘다. 가끔 늑장을 부리다가 지각을 해서 선생님께 혼나면 그 예쁜 눈을 크게 뜨고 겨드랑이를 들었다 폈다 하면서 삐진 척을 하는데 그 모습이 어찌나 귀여운지 모른다. 그러면 나는 살며시 다가가 귓속말로 "혜나야, 넌 정말 너무 귀여워."라고 말하곤 한다.

	찾은 단어		복수 표준어
1	예쁘다		이쁘다
2			
3		⇨	
4			
5			

B

> 엄마가 시장에 다녀오시며 옥수수를 사 오셨다. 어찌나 맛있던지 나는 만날 옥수수를 먹었으면 좋겠다고 말했다. 그러자 동생이 소고기와 자장면이 가장 맛있다고 하더니 변덕쟁이라고 놀리며 웃었다. 나는 동생에게 눈을 흘기며 식탁 밑에서 동생의 복사뼈를 슬쩍 발로 차 주었다.

	찾은 단어		복수 표준어
1			
2			
3		⇨	
4			
5			

C

> 내겐 신기한 것들이 정말 많다. 도로 옆 벽을 타고 올라가는 담쟁이 넝쿨은 언제 봐도 신기하다. 빨간 껍질 속에 있는 노란 멍게도, 빻아서 손톱을 물들이는 봉선화도, 다양하고 종류가 많은 벌레도 내겐 신기한 것들이다. 아, 소나기가 내린 뒤 뜨는 무지개는 신기한 것 중 가장 으뜸이다.

찾은 단어	복수 표준어
1	
2	
3	
4	
5	

D

> 우리 집 강아지는 밥만 먹으면 쌍꺼풀이 있는 눈을 게슴츠레하게 뜨고 고개를 아래위로 흔들며 졸다가 꼭 오른쪽으로 쓰러져 잔다. 내가 심심해서 강아지와 놀려고 풍선으로 등을 간질이니 귀찮다는 듯 살며시 눈을 떴다. 그런데 눈앞에 있는 풍선을 보더니 놀랐는지 두 발로 풍선을 잡아 터뜨려 버렸다.

찾은 단어	복수 표준어
1	
2	
3	
4	
5	

정답

Chapter 1

중학생이 가장 많이 틀리게 써요!

확인 콕콕!! 1~20 ················· pp. 12~31

p. 12

❶ 적어서 ❷ 작은 ❸ 작아져서 ❹ 작은, 적지

p. 13

❶ 메고 ❷ 매고 ❸ 매어 ❹ 멘, 맸다

p. 14

❶ 햇빛 ❷ 햇볕 ❸ 햇빛 ❹ 햇빛, 햇볕

p. 15

❶ 너머 ❷ 넘어 ❸ 넘어 ❹ 너머, 넘어

p. 16

❶ 집었다 ❷ 집었다 ❸ 짚고 ❹ 짚고, 집었다

p. 17

❶ 잃은 ❷ 잊고 ❸ 잃어버렸다 ❹ 잃고, 잊었다

p. 18

❶ 배었다 ❷ 베면 ❸ 배어서 ❹ 베고, 배니

p. 19

❶ 알갱이 ❷ 알맹이 ❸ 알갱이 ❹ 알갱이, 알맹이

p. 20

❶ 봉우리 ❷ 봉우리 ❸ 봉오리 ❹ 봉우리, 봉오리

p. 21

❶ 출현 ❷ 출연 ❸ 출연 ❹ 출연, 출현

p. 22

❶ 좇는 ❷ 쫓아 ❸ 쫓기 ❹ 좇아, 쫓는다

p. 23

❶ 한참 ❷ 한참 ❸ 한창 ❹ 한창, 한참

p. 24

❶ 여의었다 ❷ 여윈 ❸ 여위었다 ❹ 여읜, 여위는

p. 25

❶ 지그시 ❷ 지그시 ❸ 지긋이 ❹ 지그시, 지긋이

p. 26

❶ 반드시 ❷ 반듯이 ❸ 반드시 ❹ 반듯이, 반드시

p. 27

❶ 껍질 ❷ 껍데기 ❸ 껍데기 ❹ 껍질, 껍데기

p. 28

❶ 연기되었다 ❷ 연장되자 ❸ 연기되어
❹ 연장되어, 연기했다

p. 29

❶ 양복장이 ❷ 떼쟁이 ❸ 칠장이 ❹ 겁쟁이, 옹기장이

p. 30

❶ 달려서 ❷ 딸려 ❸ 달리면 ❹ 달렸지만, 딸려

p. 31

❶ 갱신하러 ❷ 경신했다 ❸ 경신했다
❹ 경신하고, 갱신했다

도전! 맞춤법 퀴즈1 ················· pp. 32~33

1. 집으려고, 짚었다	2. 연기해, 연장되었다
3. 알맹이, 알갱이	4. 너머, 넘어
5. 작고, 적다	6. 출연하는, 출현하여
7. 경신한, 갱신하게	8. 햇빛, 햇볕
9. 한창, 한참	10. 잊고, 잃어버리게
11. 쫓다, 좇기로	12. 봉우리, 봉오리
13. 여읜, 여위셨다	14. 달리니, 딸려서
15. 반듯이, 반드시	16. 껍질과, 껍데기
17. 매고, 멘다	18. 미장이, 욕심쟁이
19. 지그시, 지긋이	20. 베니, 배었다

도전! 맞춤법 퀴즈 2 ················· p. 34

A

1. 잊고 → 잃고   2. 한참 → 한창
3. 넘어 → 너머   4. 햇볕 → 햇빛
5. 반듯이 → 반드시

B

1. 작은 → 적은 　　**2.** 산봉오리 → 산봉우리

3. 여의어 → 여위어 　**4.** 출현 → 출연

5. 갱신하여 → 경신하여

Chapter 2
수행평가 때 가장 많이 잘못 써요!

확인 콕콕!! 1~20 ················· pp. 36~55

p. 36

❶ 맞추기 ❷ 맞히어 ❸ 맞추어 ❹ 맞춰서, 맞혀

p. 37

❶ 비치는 ❷ 비추자 ❸ 비치지 ❹ 비추니, 비치는

p. 38

❶ 들르고 ❷ 들렀다 ❸ 들렸다 ❹ 들렀는데, 들리는

p. 39

❶ 가르쳐 ❷ 가리킨 ❸ 가르치느라
❹ 가리켰는데, 가르치고

p. 40

❶ 놀랐다 ❷ 놀란 ❸ 놀래 ❹ 놀란, 놀란다

p. 41

❶ 늘였다 ❷ 늘리면 ❸ 늘린다 ❹ 늘이려면, 늘려

p. 42

❶ 저린다 ❷ 절여서 ❸ 저린다 ❹ 절였더니, 저린다

p. 43

❶ 썩이지 ❷ 썩히고 ❸ 썩혀서 ❹ 썩혀, 썩였다

p. 44

❶ 다리다가 ❷ 달여졌다 ❸ 달이는 ❹ 달이는, 다려야

p. 45

❶ 벌이고 ❷ 벌리고 ❸ 벌리고 ❹ 벌이니, 벌렸다

p. 46

❶ 해친다 ❷ 헤치고 ❸ 해치지 ❹ 헤치며, 해치는

p. 47

❶ 들어내고 ❷ 들어냈다 ❸ 드러내고
❹ 들어내면서, 드러냈다

p. 48

❶ 걷히자 ❷ 걷힌다 ❸ 거쳐 ❹ 걷히자, 거쳐

p. 49

❶ 붙였다 ❷ 부친다고 ❸ 붙여 ❹ 붙이고, 부친다

p. 50

❶ 바라고 ❷ 바람 ❸ 바래서 ❹ 바래도, 바란다

p. 51

❶ 이따가 ❷ 있다가 ❸ 있다가 ❹ 이따가, 있다가

p. 52

❶ 틀리게 ❷ 달라서 ❸ 틀리지 ❹ 다르니, 다르다

p. 53

❶ 두텁다 ❷ 두꺼워서 ❸ 두텁다 ❹ 두꺼운, 두터웠다

p. 54

❶ 부문 ❷ 부분 ❸ 부분 ❹ 부문, 부분

p. 55

❶ 견주기 ❷ 겨루었다 ❸ 견주어 ❹ 견주고, 겨룰 것이다

도전! 맞춤법 퀴즈1 ···················· pp. 56~57

1. 해칠, 헤치고 　　　**2.** 비추자, 비쳤다

3. 썩이는, 썩히고 　　**4.** 가르쳐, 가리켰다

5. 부문, 부분 　　　　**6.** 늘이려니, 늘려야

7. 견주기, 겨루고 　　**8.** 두텁다, 두껍다

9. 달이고, 다렸더니 　**10.** 다르기에, 틀린

11. 맞추어, 맞혔다 　　**12.** 드러내자, 들어낸

13. 있다가, 이따가 　　**14.** 부치고, 붙였다

15. 바래지, 바랐다 　　**16.** 걷히자, 거쳐

17. 벌리고, 벌이고 　　**18.** 들리는, 들러

19. 놀래, 놀랐다 　　　**20.** 절여, 저렸다

A

1. 썩이지 → 썩히지　　　**2.** 바래서 → 바라서

3. 맞췄다 → 맞혔다　　　**4.** 가리켜 → 가르쳐

5. 부문 → 부분

B

1. 비췄다 → 비쳤다　　　**2.** 놀래서 → 놀라서

3. 벌이고 → 벌리고　　　**4.** 있다가 → 이따가

5. 절였다 → 저렸다

Chapter 3

시험 답안 작성 시 가장 많이 실수해요!

p. 60

❶ 윗 ❷ 웃 ❸ 웃, 윗, 윗

p. 61

❶ 로서 ❷ 로써 ❸ 으로서 ❹ 으로써, 으로서

p. 62

❶ 때문 ❷ 탓 ❸ 때문, 덕분

p. 63

❶ 돼 ❷ 됐다 ❸ 되 ❹ 되어, 됐다

p. 64

❶ 띠는 ❷ 띄기 ❸ 띄었다 ❹ 띠는, 띄었다

p. 65

❶ 땅겨요 ❷ 당긴다 ❸ 땅겨서 ❹ 땅겨, 당겨

p. 66

❶ 그러므로 ❷ 그럼으로 ❸ 그럼으로
❹ 그럼으로, 그러므로

p. 67

❶ 않 ❷ 않 ❸ 안 ❹ 안, 않

p. 68

❶ 못 ❷ 안 ❸ 못 ❹ 안, 못

p. 69

❶ 거저 ❷ 그저 ❸ 그저 ❹ 거저, 그저

p. 70

❶ 먹던 ❷ 깨끗했던 ❸ 하든 ❹ 놀던, 부르든, 그리든

p. 71

❶ 붓고 ❷ 붓고 ❸ 붙고 ❹ 붙고, 붓고

p. 72

❶ 웬일 ❷ 왠지 ❸ 왠지 ❹ 웬, 웬일

p. 73

❶ 박아 ❷ 박고 ❸ 받고 ❹ 박는데, 받아

p. 74

❶ 난이도 ❷ 난도 ❸ 난도, 난도 ❹ 난이도, 고난도

p. 75

❶ 빼기 ❷ 배기 ❸ 빼기 ❹ 배기, 빼기

p. 76

❶ 새웠다 ❷ 새우다 ❸ 새우고, 새고

p. 77

❶ 있어라 ❷ 잇기 ❸ 잇고, 있다

p. 78

❶ 체 ❷ 채 ❸ 채, 체

p. 79

❶ 왔던데 ❷ 간대 ❸ 크던데, 크대

1. 그러므로, 그럼으로　　**2.** 박다가, 받았다

3. 난이도, 난도　　　　　**4.** 위, 윗

5. 빼기, 배기　　　　　　**6.** 왠지, 웬일

7. 새우며, 새는　　　　　**8.** 잇고, 있길래

9. 먹던, 있든 없든　　　　**10.** 붓는다며, 붙는다며

11. 않아, 안　　　　　　　**12.** 띠는, 띄어

13. 되고, 돼 14. 채, 체

15. 먹는대, 먹던데 16. 땅기고, 당겨

17. 거저, 그저 18. 못, 안

19. 으로서, 로써 20. 덕분에, 때문에

도전! 맞춤법 퀴즈2 ·· p. 82

A

1. 반장으로써 → 반장으로서 2. 않았다 → 못했다

3. 그럼으로 → 그러므로 4. 새며 → 새우며

5. 체 → 채

B

1. 윗층 → 위층 2. 띠게 → 띄게

3. 박는 → 받는 4. 되 → 돼

5. 거저 → 그저

Chapter 4
중학교 국어 교과서에 많이 나와요!

확인 콕콕!! 1~20 ·· pp. 84~103

p. 84

❶ 홀몸 ❷ 홑몸 ❸ 홀몸, 홑몸

p. 85

❶ 전통 ❷ 정통 ❸ 전통 ❹ 전통, 전통

p. 86

❶ 결제 ❷ 결재 ❸ 결재, 결제

p. 87

❶ 얼떨결 ❷ 엉겁결 ❸ 엉겁결, 얼떨결

p. 88

❶ 담그는 ❷ 담그세요 ❸ 담다 ❹ 담근, 담으셨다

p. 89

❶ 어르기 ❷ 어르며 ❸ 으르다 ❹ 으르는, 어르시며

p. 90

❶ 피우지 ❷ 핀 ❸ 피우는, 핀

p. 91

❶ 싸인 ❷ 쌓여 ❸ 쌓아야 ❹ 싸여 있는, 쌓인

p. 92

❶ 속았다 ❷ 솎아 ❸ 속은 ❹ 솎아, 속아

p. 93

❶ 갈음했다 ❷ 가름한다 ❸ 갈음하는
❹ 가름한다, 갈음했다

p. 94

❶ 낟알 ❷ 낱알 ❸ 낟알 ❹ 낟알, 낱알

p. 95

❶ 벌 ❷ 벌 ❸ 벌 ❹ 벌

p. 96

❶ 부수고 ❷ 부수자 ❸ 부시다 ❹ 부신, 부수니

p. 97

❶ 졸여서 ❷ 졸였다 ❸ 조리는, 졸인

p. 98

❶ 묻히는 ❷ 무쳤다 ❸ 묻힌, 무쳤다

p. 99

❶ 짓는 ❷ 짖는 ❸ 짓는, 짖는

p. 100

❶ 충돌 ❷ 추돌 ❸ 충돌 ❹ 추돌, 충돌

p. 101

❶ 머지않아 ❷ 멀지 않아 ❸ 멀지 않다
❹ 멀지 않은, 머지않아

p. 102

❶ 몹쓸 ❷ 못쓴다 ❸ 몹쓸, 못쓴다

p. 103

❶ 빚는다 ❷ 빗었다 ❸ 빗어, 빚었다

1. 얼떨결, 엉겁결
2. 낟알, 낱알
3. 추돌, 충돌
4. 부수자, 부신지
5. 쌓여, 싸여
6. 피니, 피우게
7. 조리면, 졸이면
8. 몹쓸, 못쓰는
9. 으르기, 어르는
10. 무쳐, 묻혔다
11. 빗긴, 빚었다
12. 짖는, 짓고
13. 머지않은, 멀지 않았다
14. 가름, 갈음
15. 벌, 벌
16. 정통, 전통
17. 속아, 솎아
18. 결재, 결제
19. 담가, 담아서
20. 홀몸, 홑몸

A

1. 결재 → 결제
2. 엉겁결 → 얼떨결
3. 묻히며 → 무치며
4. 담가 → 담아
5. 낟알 → 낱알

B

1. 정통 → 전통
2. 갈음 → 가름
3. 짓는 → 짖는
4. 조리며 → 졸이며
5. 담가 → 담아

Chapter 5

글자는 같은데 의미가 달라요!

p. 108

❶ 1 ❷ 4 ❸ 2 ❹ 6

p. 109

❶ 4 ❷ 1 ❸ 3 ❹ 2

p. 110

❶ 4 ❷ 2 ❸ 7 ❹ 1

p. 111

❶ 5 ❷ 2 ❸ 6 ❹ 3

p. 112

❶ 4 ❷ 5 ❸ 1 ❹ 2

p. 113

❶ 1 ❷ 5 ❸ 2 ❹ 3

p. 114

❶ 2 ❷ 4 ❸ 1 ❹ 3

p. 115

❶ 3 ❷ 2 ❸ 4 ❹ 1

p. 116

❶ 8 ❷ 4 ❸ 7 ❹ 3

p. 117

❶ 1 ❷ 2 ❸ 5 ❹ 4

p. 118

❶ 3 ❷ 5 ❸ 1 ❹ 4

p. 119

❶ 1 ❷ 3 ❸ 4 ❹ 2

p. 120

❶ 2 ❷ 4 ❸ 3 ❹ 5

p. 121

❶ 2 ❷ 3 ❸ 1 ❹ 2

p. 122

❶ 7 ❷ 1 ❸ 8 ❹ 4

p. 123

❶ 4 ❷ 5 ❸ 2 ❹ 6

p. 124

❶ 7 ❷ 2 ❸ 8 ❹ 5

p. 125

❶ 3 ❷ 6 ❸ 2 ❹ 5

p. 126

❶ 3 ❷ 5 ❸ 2 ❹ 1

p. 127

❶2 ❷1 ❸4 ❹3

p. 128

❶2 ❷1 ❸3 ❹4

p. 129

❶2 ❷5 ❸6 ❹1

p. 130

❶5 ❷7 ❸2 ❹1

p. 131

❶2 ❷1 ❸3 ❹6

p. 132

❶5 ❷3 ❸7 ❹1

p. 133

❶1 ❷4 ❸2 ❹5

p. 134

❶2 ❷4 ❸5 ❹1

p. 135

❶2 ❷1 ❸1 ❹2

p. 136

❶1 ❷2 ❸2 ❹1

p. 137

❶1 ❷2 ❸2 ❹1

도전! 맞춤법 퀴즈 ···································· pp. 138~142

1. ② → 모두 먹는 '김'을 말하는데, ②는 입에서 나오는 기운을 말하고 있다.

2. ① → 모두 생각하고 판단하는 능력의 '머리'를 말하는데, ①은 머리에 난 털을 말하고 있다.

3. ③ → 모두 일정 공간에 냄새나 사람 등이 가득 '차다'를 말하는데, ③은 온도가 낮음을 말하고 있다.

4. ① → 모두 손에 가진다는 뜻의 '들다'를 말하는데, ①은 빛이 안으로 들어온다는 것을 말하고 있다.

5. ① → 모두 원함을 나타내는 '바람'을 말하는데, ①은 공이나 튜브 등에 넣는 공기를 말하고 있다.

6. ① → 모두 하늘에서 내리는 '눈'을 말하는데, ①은 사람 얼굴의 눈을 말하고 있다.

7. ① → 모두 사람이 하는 '말'을 말하는데, ①은 타는 말을 말하고 있다.

8. ③ → 모두 어떤 기간의 처음인 '초'를 말하는데, ③은 불을 커는 초를 말하고 있다.

9. ② → 모두 교제나 거래 등을 의미하는 '손'을 말하는데, ②는 어떤 사람의 영향력이나 권한이 미치는 범위를 말하고 있다.

10. ① → 모두 생각이나 이야기를 말하는 '풀다'를 말하는데, ①은 묶인 줄을 푸는 것을 말하고 있다.

11. ② → 모두 잘난 체하고 뽐내는 '높다'를 말하는데, ②는 들어가기 어려운 것을 말하고 있다.

12. ② → 모두 물이 줄어 없어지는 '마르다'를 말하는데, ②는 물기가 다 날아가서 없어지는 것을 말하고 있다.

13. ① → 모두 사람이 눈물을 흘리는 '울다'를 말하는데, ①은 짐승이 우는 소리를 내는 것을 말하고 있다.

14. ② → 모두 입안에 넣고 녹이거나 혀로 핥는 '빨다'를 말하는데, ②는 입에 대고 입 속으로 당겨 들어오게 하는 것을 말하고 있다.

15. ① → 모두 기구를 이용하여 달리는 '타다'를 말하는데, ①은 바람에 실려 퍼지는 것을 말하고 있다.

16. ② → 모두 입으로 입김을 내는 '불다'를 말하는데, ②는 악기를 부는 것을 말하고 있다.

17. ② → 모두 얼굴에 어떤 물건을 걸거나 덮어쓰는 '쓰다'를 말하는데, ②는 글자를 쓰는 것을 말하고 있다.

18. ① → 모두 다른 곳으로 떠난다는 '뜨다'를 말하는데, ①은 감았던 눈을 벌리는 것을 말하고 있다.

19. ② → 모두 어떤 일을 하던 순간을 뜻하는 '차'를 말하는데, ②는 주기나 경과의 해당 시기를 말하고 있다.

20. ① → 모두 죄를 지은 사람에게 주는 '벌'을 말하는데, ①은 넓고 평평하게 생긴 땅을 말하고 있다.

21. ① → 모두 죽은 이를 기념하기 위해 세워 놓은 '비'를 말하는데, ①은 쓰레기를 쓸어내는 기구를 말하고 있다.

22. ② → 모두 힘이 많음을 나타내는 '세다'를 말하는데, ②는 행동하거나 밀고 나가는 기세가 강한 것을 말하고 있다.

23. ② → 모두 책임이나 의무를 맡는 '지다'를 말하는데, ②는 물건을 짊어서 등에 얹는 것을 말하고 있다.

24. ③ → 모두 허가, 승인 등을 얻는 '맡다'를 말하는데, ③은 어떤 일에 책임을 지고 담당하는 것을 말하고 있다.

25. ① → 모두 교통수단에 '오르다'라고 말하는데, ①은 아래에서 위쪽으로 움직여 가는 것을 말하고 있다.

26. ① → 모두 사람이나 동물의 '발'을 말하는데, ①은 아는

사람이 많음을 말하고 있다.

27. ② → 모두 어떤 수나 양을 두 번 합한 만큼을 뜻하는 '배'를 말하는데, ②는 물 위에 떠다니는 배를 말하고 있다.

28. ③ → 모두 오전 시간을 나타내는 '아침'을 말하는데, ③은 아침에 끼니로 먹는 음식이나 먹는 일을 말하고 있다.

29. ① → 모두 승려가 불상을 모시는 '절'을 말하는데, ①은 몸을 굽혀 하는 인사를 말하고 있다.

30. ③ → 모두 밤나무 열매인 '밤'을 말하는데, ③은 어두운 밤을 말하고 있다.

Chapter 6
알쏭달쏭 너무 헷갈려요! 1

확인 콕콕!!

p. 149

❶ 김치찌개 ❷ 주꾸미 ❸ 떡볶이 ❹ 곰곰이 ❺ 눈곱
❻ 우유갑 ❼ 깨끗이 ❽ 베개 ❾ 심란한 ❿ 내비게이션

p. 155

❶ 설거지 ❷ 일찍이 ❸ 발자국 ❹ 무릎 ❺ 앳된
❻ 소꿉놀이 ❼ 찰흙 ❽ 딱따구리 ❾ 깊숙이 ❿ 돌멩이

p. 161

❶ 햅쑥했다 ❷ 부단히 ❸ 틈틈이 ❹ 일일이 ❺ 홀연히
❻ 촘촘히 ❼ 열심히 ❽ 가벼이 ❾ 꼼꼼히 ❿ 근근이

p. 167

❶ 넝쿨 ❷ 흉측한 ❸ 우레 ❹ 희한한 ❺ 건드리자
❻ 초승달 ❼ 느긋이 ❽ 거꾸로 ❾ 방귀 ❿ 창피했다

도전! 맞춤법 퀴즈 ·········· pp. 168~169

A

1. 김치찌게 → 김치찌개 **2.** 떡복기 → 떡볶이
3. 쭈꾸미 → 주꾸미 **4.** 깨끗히 → 깨끗이
5. 곰곰히 → 곰곰이

B

1. 설겆이 → 설거지 **2.** 일찌기 → 일찍이

3. 놀맹이 → 돌멩이 **4.** 무릅 → 무릎
5. 긴숙히 → 깊숙이

C

1. 햅쓱해 → 햅쑥해 **2.** 틈틈히 → 틈틈이
3. 가벼히 → 가벼이 **4.** 꼼꼼이 → 꼼꼼히
5. 부단이 → 부단히

D

1. 희안하게 → 희한하게 **2.** 흉칙하던지 → 흉측하던지
3. 건들였는데 → 건드렸는데 **4.** 챙피하다며 → 창피하다며
5. 우뢰 → 우레

Chapter 7
알쏭달쏭 너무 헷갈려요! 2

확인 콕콕!!

p. 177

❶ 벚꽃 ❷ 별의별 ❸ 화병 ❹ 손톱깎이 ❺ 얼마큼
❻ 치르고 ❼ 아지랑이 ❽ 가게 ❾ 케이크 ❿ 곱빼기

p. 183

❶ 잠갔다 ❷ 움큼 ❸ 폭발 ❹ 어이없다 ❺ 하마터면
❻ 건더기 ❼ 빈털터리 ❽ 으스스 ❾ 깍두기 ❿ 트림

p. 189

❶ 해님 ❷ 일부러 ❸ 거야 ❹ 오랜만 ❺ 통틀어
❻ 할게 ❼ 수사자 ❽ 부서졌다 ❾ 대가 ❿ 민소매

p. 195

❶ 오뚝이 ❷ 기다란 ❸ 말발 ❹ 헷갈리는 ❺ 마구간
❻ 새침데기 ❼ 움츠렸다 ❽ 인마 ❾ 무릅쓰고 ❿ 눈살

도전! 맞춤법 퀴즈 ·········· pp. 196~197

A

1. 곱배기 → 곱빼기 **2.** 케익 → 케이크
3. 벗꽃 → 벚꽃 **4.** 아지랭이 → 아지랑이
5. 햇님 → 해님

B

1. 깍두기 → 깍두기
2. 트름 → 트림
3. 웅큼 → 움큼
4. 하마트면 → 하마터면
5. 으시시 → 으스스

C

1. 숫사자 → 수사자
2. 오랫만에 → 오랜만에
3. 통털어 → 통틀어
4. 부숴졌다 → 부서졌다
5. 댓가 → 대가

D

1. 마굿간 → 마구간
2. 길다란 → 기다란
3. 무릎쓰고 → 무릅쓰고
4. 움추린 → 움츠린
5. 눈쌀 → 눈살

B

1. 옥수수 → 강냉이
2. 만날 → 맨날
3. 소고기 → 쇠고기
4. 자장면 → 짜장면
5. 복사뼈 → 복숭아뼈

C

1. 넝쿨 → 딩굴
2. 멍게 → 우렁쉥이
3. 봉선화 → 봉숭아
4. 벌레 → 버러지
5. 소나기 → 소낙비

D

1. 쌍꺼풀 → 쌍까풀
2. 게슴츠레하게 → 거슴츠레하게
3. 오른쪽 → 바른쪽
4. 간질이니 → 간지럽히니
5. 터뜨려 → 터트려

Chapter 8

두 개 다 맞는 말이에요!

확인 콕콕!!

p. 205

❶ 늦장 ❷ 옥수수 ❸ 짜장면 ❹ 귀엣말 ❺ 가엾다
❻ 꾸지람 ❼ 복숭아뼈 ❽ 삐쳐서 ❾ 이쁘다 ❿ 겨드랑이

p. 211

❶ 다림질 ❷ 쌍꺼풀 ❸ 소낙비 ❹ 맨날 ❺ 영글다
❻ 봉숭아 ❼ 버러지 ❽ 딩굴 ❾ 쇠고기 ❿ 멍게

p. 217

❶ 오른쪽 ❷ 찌끼 ❸ 쌍꺼풀 ❹ 터트리다 ❺ 흠씬
❻ 만큼 ❼ 헷갈린다 ❽ 게슴츠레하다 ❾ 간질이니
❿ 엉키어

도전! 맞춤법 퀴즈 pp. 218~219

A

1. 예쁘다 → 이쁘다
2. 늦장 → 늦장
3. 겨드랑이를 → 겨드랑을
4. 삐진 → 삐친
5. 귓속말 → 귀엣말